CANTINA JAPONESA

ジャパン・カンティーナ

A mis padres, Annie y Claude Leleu.

ジャパン・カンティーナ

CANTINA JAPONESA

**CUADERNO DE VIAJE CULINARIO
PARA SABOREAR LA COCINA JAPONESA**

**CLÉMENCE LELEU Y ANNA SHOJI
ILUSTRACIONES DE ADRIEN MARTIN**

EL ITINERARIO

Tokio —————————————————————————— 19

Una inmersión en la ciudad más grande del mundo, donde se mezclan influencias culinarias de todo Japón, además de cocinas extranjeras que la capital reinventa a su manera.

Kansai —————————————————————————— 77

Kansai es una región de contrastes, entre la tradicional Kioto y la popular Osaka, donde la delicada cocina vegetariana y la deliciosa comida callejera se dan la mano.

Kyushu —————————————————————————— 141

Kyushu alberga la mayor cantidad de volcanes activos de Japón. Además de influir en la vida de sus habitantes, esta actividad volcánica deja huella en la tierra de la isla y, por lo tanto, en los productos que en ella crecen.

Hokkaido —————————————————————————— 191

Hokkaido es la isla de los productos del mar y de reconfortantes platos familiares que ayudan a soportar el invierno. También es la tierra de los ainu, un grupo étnico indígena japonés.

Okinawa —————————————————————————— 239

Este archipiélago consta de más de 150 islas y es uno de los lugares del mundo con más personas centenarias, aunque también son islas muy marcadas por la ocupación del ejército estadounidense.

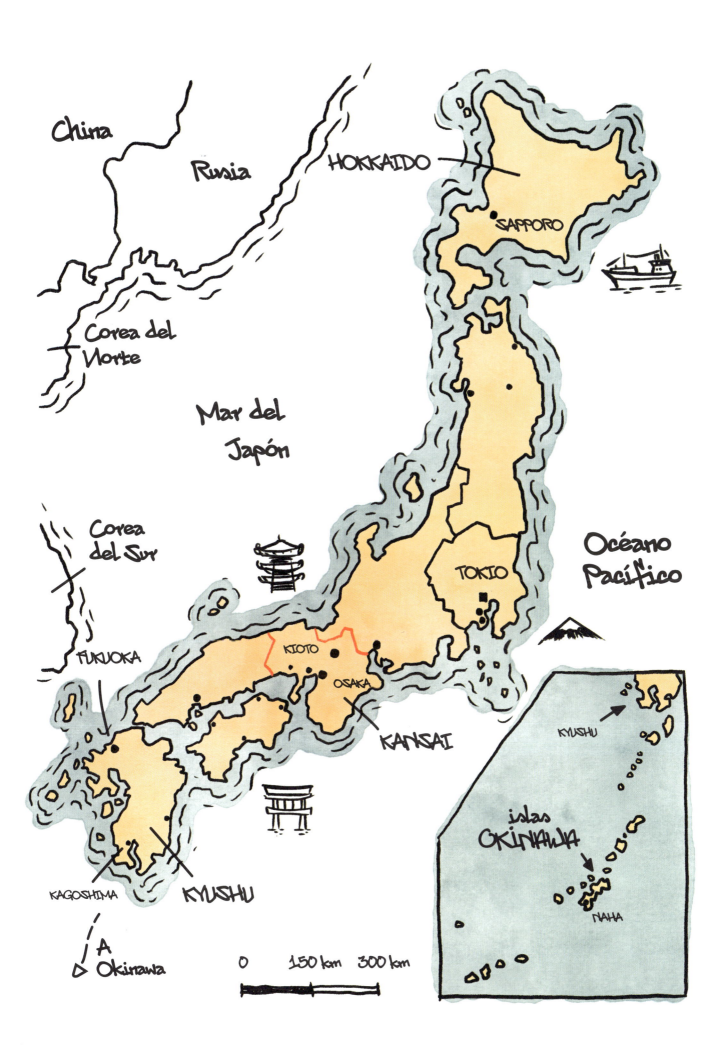

INTRODUCCIÓN

Cantina japonesa, el comienzo de un viaje culinario al país del sol naciente

---

«**Para entender, primero hay que comer, así que siéntate.**» Las palabras de Usa Teruyo aún resuenan en mis oídos. Usa es de origen ainu, un pueblo indígena de la isla de Hokkaido. Insistió en que nos tomáramos el tiempo de compartir una comida, juntas y en silencio, antes de hablarme sobre sus antepasados y de cómo se esfuerza por perpetuar las costumbres y tradiciones de su pueblo, especialmente las culinarias. Así que disfrutamos de un puré de boniato servido en un bol de madera, seguido de salchichas rellenas de *pukusa*, una cebolla silvestre que se encuentra principalmente en las montañas del norte de la isla. «Tomarnos la molestia de probar sabores desconocidos e interesarnos por su origen nos permite comprender a quienes los han cultivado y cocinado. La cocina es la mejor manera de entender a un pueblo, a un país o a una cultura.»

Cantina japonesa se ha concebido como una especie de cuaderno de viaje culinario que explora la cocina japonesa y todo lo que esta cuenta. Lo que dicen de ella, pero también de todo el país, de sus ingredientes, de sus combinaciones, de sus manías y de sus peculiaridades.

Como dice Usa, es posible que la cocina sea la mejor ventana a una cultura extranjera. Y no solo la mejor, sino también la menos costosa. La mayoría de las personas pueden cocinar y elegir los ingredientes, interpretar, sortear e incluso adaptar un poco las recetas según sus preferencias o recursos. Probar la cocina de otro país nos traslada allí durante una comida, sin necesidad de comprar billetes de tren o de avión para pisar su territorio.

UN VIAJE EN CINCO ETAPAS

Hemos elegido cinco zonas geográficas, ya sea porque son emblemáticas del archipiélago o porque tienen una identidad culinaria característica. A cada una le corresponde un capítulo, salpicado de artículos y reportajes que tratan sobre temas relacionados con la cocina japonesa en un sentido amplio. Múltiples recetas firmadas por Anna Shoji, mi compañera imprescindible, enriquecen mis textos. Anna es horticultora en Touraine (Francia) desde 2015; allí, cultiva vegetales, frutas y plantas japonesas, respetando la tierra y los productos.

Este cuaderno de viaje comienza en Tokio, la ciudad más grande del mundo, donde se entrelazan influencias culinarias de todo Japón y gastronomías extranjeras que la capital digiere y, en ocasiones, reinventa a su manera. Descubriremos un mercado de pescado del tamaño de un continente y pasearemos por la calle de los aficionados a la cocina, la famosa Kappabashi-dori, antes de adentrarnos en las bambalinas de los *konbinis*, esos minimercados que reflejan a la perfección la sociedad japonesa. Finalmente, ¿quién mejor que Ryoko Sekiguchi para hablarnos de esta ciudad, que también es la suya, y ofrecernos una nueva perspectiva sobre una metrópolis de la que con frecuencia se piensa que carece de toda identidad culinaria?

Luego, nos dirigiremos a Kansai, una vasta región llena de contrastes que alberga la tradicional Kioto y la popular Osaka y donde se combinan la delicada cocina vegetariana y la deliciosa comida callejera. Entraremos en salones de té suspendidos en la década de 1960 y nos detendremos cada tres metros para relamernos de gusto con un *takoyaki* o un *kushikatsu* antes de continuar hacia una pastelería tradicional, donde degustaremos unos dulces japoneses: los famosos *wagashi*.

Proseguiremos el viaje en la isla de Kyushu, la más meridional de las cuatro islas principales del archipiélago. Esta tierra volcánica es el hogar de horticultores que cantan las alabanzas de la riqueza de su terreno. Kyushu fue durante mucho tiempo la única puerta de entrada a Japón para el comercio con Corea del Sur y luego Portugal y los Países Bajos, por lo que la cocina de la isla se nutre desde hace mucho de una gran diversidad de influencias multiculturales: el *tonkotsu*, la tempura o el *kare raisu* colman los platos. Antes de abandonar la isla haremos una parada obligada en Fukuoka, donde descubriremos los *yatai*, unos restaurantes ambulantes donde se acude a charlar y a comer algo rápido a partir de las cinco de la tarde y antes de que desaparezcan en medio de la noche.

Luego emprenderemos el rumbo a Hokkaido, la isla más septentrional del archipiélago japonés

donde la pesca es la reina. Marisco, pescados y algas parten de allí hacia todo el país. Los platos rebosan calamares rellenos, huevas de salmón, cangrejos o moluscos. Pero Hokkaido también es la tierra de los ainu, un pueblo indígena con una rica tradición culinaria que a punto estuvo de desaparecer.

Para terminar, la última etapa del viaje nos llevará a los trópicos. Okinawa consta de más de 150 islas y es conocida sobre todo por sus aguas azul turquesa y sus playas de arena fina. También es una «zona azul»: se vive mucho más tiempo que en la mayoría de los países del mundo y la población de centenarios es mayor que en el resto del globo...

Pero ¿qué sería de una comida sin nada que beber? En el último capítulo, las copas se llenan de sake, whisky y shōchū, tres de los licores que se producen en el archipiélago. Primero nos sumergiremos en la austeridad de las tradicionales casas de té y de sus tatamis, para descubrir cómo la ceremonia del té ha impregnado la cultura japonesa (cerámica, jardinería, arquitectura...), y luego, como no podía ser de otro modo, nos interesaremos por un elemento imprescindible del paisaje japonés: la máquina expendedora.

DESCUBRIR JAPÓN, CARA A Y CARA B

Cantina japonesa explora el archipiélago, sus características y sus múltiples facetas y nos descubre que la «comida japonesa» es mucho más de lo que parece a primera vista. Por supuesto, es una historia del país, de sabores, de estaciones, de regiones y de la relación con la naturaleza y con la vida. Sin embargo, la cocina también lleva las huellas, y a veces las cicatrices, de la historia. La cocina japonesa es un crisol de múltiples culturas culinarias. Es el resultado de préstamos y de juegos de poder, de periodos de conquista y de periodos de ocupación. Cuando la probamos, disfrutamos de platos impregnados de las culturas china y coreana, pero también de la holandesa o la portuguesa. Una fusión en ocasiones forzada, pero siempre reinterpretada a la manera *made in Japan*.

Así, veremos que lo que comemos siempre es más político de lo que imaginamos e incluye cuestiones como la forma en que nacen los platos, el método de cultivo de las verduras, la elección de especies animales para garantizar su sostenibilidad, la lucha por perpetuar conocimientos ancestrales o costumbres culinarias de pueblos indígenas... Por lo tanto, me hubiera sido imposible firmar un libro sobre cocina japonesa que no mencionara la historia del pueblo ainu o no explorara la influencia que la ocupación estadounidense ejerció (y sigue ejerciendo) en las islas Okinawa. Por último, parece difícil pasar por alto el agotamiento de los recursos pesqueros en las aguas japonesas o no mencionar el impacto ya tan real del cambio climático en los cultivos hortícolas y marinos.

Finalmente, era importante que este libro ofreciera recetas de una cocina familiar y accesible para todos y con ingredientes fáciles de encontrar fuera de Japón, ya sea porque se cultivan o se producen en otros lugares o porque son fáciles de encontrar en los estantes de supermercados o de tiendas de comestibles asiáticas.

Así que solo me queda desearte un buen viaje e *itadakimasu!*

Anna Shoji :
«El sabor japonés es el sabor de nuestra tierra, que se filtra en algunos platos y, así, nos la recuerdan.»

Anna Shoji firma todas las recetas del libro. Cultiva verduras japonesas en Touraine (Francia) y es una apasionada de la cocina. Además, es cofundadora de una ecoaldea dedicada a la cultura culinaria nipona en Île-de-France. A continuación, nos habla de su reconversión a la agricultura, de su amor por la tierra y de su pasión por la cocina, ya sea japonesa o francesa.

¿Cuáles son tus vínculos con la horticultura, con la tierra? ¿Los has heredado de tu familia?

No, en absoluto. Mi familia nunca ha tenido tierras ni conocimientos de agricultura. De hecho, yo ni siquiera tenía una abuela en el campo y con un huerto, porque mi familia llevaba ya varias generaciones instalada en Tokio. Era un mundo totalmente desconocido para mí y no descubrí la agricultura hasta que fui a trabajar a Argelia y un pequeño grupo de japoneses nos ocupamos del mantenimiento de un huerto. Me encantaba el trabajo que hacía allí y el vínculo con la tierra me gustó tanto que decidí cambiar de profesión y buscar un terreno que cultivar.

¿Por qué elegiste Francia para dedicarte a la horticultura?

Crecí en Tokio y estudié en una escuela franco-japonesa. Mi familia estaba bastante europeizada: mi padre gestionaba restaurantes italianos y mi madre tenía una escuela de dibujo en porcelana, pero con inspiración danesa, alemana y francesa. Viajábamos a Europa con frecuencia e incluso vivimos dos años en Dinamarca. Mi trayectoria vital se construyó entre Japón y Europa, especialmente en Francia.

Elegí instalarme aquí porque ya conocía un poco el país y porque sabía que en Francia se le da tanta importancia a la calidad de la tierra como en Japón.

Estás instalada en Touraine, donde cultivas dos hectáreas de verduras japonesas, desde 2015.

Sí, así es. Al principio, me quería instalar en el sur porque había hecho allí parte de mis estudios, conocía a gente, hacía buen tiempo y pensaba que a mis verduras les

iría bien. Sin embargo, cuando lo estudié un poco más a fondo, vi que la tierra era muy seca y calcárea. Obviamente, allí crecen verduras fantásticas, pero la tierra y el agua eran demasiado distintas a las que conocía en Japón. Entonces, me hablaron de Touraine, «el jardín de Francia», y así es como acabé aquí. Buscaba un terreno pequeño, pero en Francia las fincas agrícolas son muy grandes. La mayoría llegan a las diez o veinte hectáreas y yo solo quería una. Cuando encontraba un terreno así, no había nada y tenía que empezar desde cero, construir los invernaderos, cavar pozos... Aun así, al final encontré esta parcela con todos los invernaderos, sistemas de riego, electricidad, bombas... el antiguo propietario dejaba allí todo el material. Era genial para empezar, así que compré este terreno en Ligueil, a una hora al sur de Tours.

¿Te costó hacer crecer verduras y plantas japonesas en la tierra de Touraine o lo conseguiste a la primera?

Lo conseguí a la primera. Comencé con familias de variedades que ya existen en «versión europea»: coles, pepinos, nabos... Aunque se trata de variedades distintas, son verduras que ya crecen aquí, así que no había ninguna razón para que la variedad japonesa no pudiera hacerlo.

Lo que sí tuve que adaptar fueron las prácticas hortícolas. La forma de cultivar y de cosechar, así como el momento de hacerlo, son diferentes. Las verduras japonesas se suelen comer crudas o apenas cocidas y han de estar tiernas y crujientes. Han de ser jugosas y sabrosas por sí solas, sin necesidad de prepararlas.

En Ligueil, cultivas tus verduras, destinadas principalmente a chefs, sin usar pesticidas.

No. No empleo ningún producto químico, ni siquiera los que autoriza la agricultura ecológica. Sin embargo, no tengo la certificación, porque no todas mis semillas están disponibles en versión ecológica; la mayoría sí, pero no puedo dividir el terreno de cultivo entre ecológico y no ecológico. Así que la parte de mi producción para la que no necesito semillas como las raíces de loto o los rizomas de jengibre, sí está certificada. De todos modos, lo que me importa de verdad no es tanto la certificación como el no usar productos químicos en mis cultivos.

¿Notas alguna diferencia entre Francia (o Europa en general) y Japón en cómo se entiende la cocina con verduras?

En Japón, es más habitual consumir las verduras crudas, mientras que en Francia y en Europa, es más frecuente consumirlas en ensalada o en platos como el pisto. Además, se las considera más un acompañamiento de la carne o el pescado, son un ingrediente secundario.

En Japón, las verduras son un ingrediente principal por sí mismas y es habitual preparar toda una comida con verduras aunque no se siga una dieta vegetariana. A veces, el término «vegetariano» asusta porque da la impresión de restringir o de limitar, pero no es así en absoluto. Las verduras como plato principal bastan para preparar un plato sabroso. Por eso también somos más exigentes en cuanto al sabor y la textura. Cuando hacemos un guiso o un pisto, cocinamos las verduras durante mucho tiempo y, por supuesto, han de quedar sabrosas, pero es distinto. Además, en Japón, intentamos comer las verduras enteras: las hojas, las raíces, la piel... Por eso es tan importante cosecharlas en el momento preciso. Ni demasiado maduras, ni demasiado verdes.

¿Cuáles crees que son características de la cocina tradicional japonesa?

En Japón, cuando hablamos de la cocina tradicional de las distintas regiones nos referimos más bien a ingredientes muy específicos de la ciudad o de la prefectura y que varían enormemente entre el norte y el sur del país. El clima es muy distinto y da lugar a ingredientes regionales también muy diferentes y específicos.

Además, cuando pensamos en la cocina tradicional de una región, pensamos también en cómo las personas que viven allí preservan los alimentos y los conocimientos locales y en cómo se conservan ingredientes específicos con técnicas que, con frecuencia, surgen de las limitaciones que impone el clima. Por ejemplo, en Akita, en el norte de Japón, se prepara *takuwan*, un rábano seco completamente amarillo, parecido a un encurtido crujiente. Normalmente, los rábanos se secan antes de ponerlos en salmuera, pero en el norte hace tanto frío que las heladas impiden que se puedan secar. Así que la población local empezó a secarlos ahumándolos, lo que produce unos rábanos deliciosamente ahumados que luego se fermentan. La cocina tradicional japonesa depende de la conjunción de la geografía, la topografía y el clima, una conjunción de la que surgen conocimientos concretos que luego hay que transmitir.

¿Ves diferencias o similitudes en cuanto a la gestión de los distintos territorios en Europa y en Japón?

Hay muchas similitudes, porque en Europa hay muchísimos territorios distintos y con muchos matices. Por ejemplo, si hablamos de queso, la misma base de leche de vaca permite obtener resultados muy diferentes en cuanto a sabor o textura, dependiendo de la región donde se produzca el queso. Las bacterias regionales son diferentes y aportan matices sutiles. Eso es lo que, quizás, no tengamos en Japón, esos matices. Cada región produce sabores singulares y muchos platos se asocian a ciudades concretas, por lo que la gastronomía siempre es una parte integral del viaje. A los japoneses nos encanta comer (¡al menos a mí!) y, cuando viajamos, asociamos inmediatamente la ciudad con un alimento, un ingrediente o un plato, de modo que planificamos las etapas culinarias del viaje antes de salir de casa. Son paradas obvias.

También hay diferencias en cómo se protegen las características regionales. En Europa, están las denominaciones de origen protegidas, las denominaciones de origen controladas… En Japón, hay menos protección, existen muy pocas denominaciones. La tradición y la cultura son los vectores de transmisión y de protección.

Haces agricultura local, pero cultivas verduras japonesas. Esto plantea la cuestión: ¿qué es lo local? Obviamente, «local» no implica necesariamente «nacional».

Exacto. Es cierto que en Touraine cultivo verduras japonesas, pero mi producción es totalmente local. Sé que puede resultar sorprendente que, cuando alguien me pregunta qué cultivo en Touraine, mi respuesta sea: verduras japonesas. Sin embargo, así es.

Combino lo local y lo japonés. En mi opinión, siempre es mejor producir el producto localmente que importarlo. El shiso y las verduras japonesas crecen muy bien aquí, así que podemos prescindir de las importaciones por barco o avión. Lo local, incluso cuando incluye el cultivo de verduras extranjeras, está vinculado a la preservación del medio ambiente, que es de una importancia fundamental. ¿Quién sabe? Quizás, dentro de 30 o 50 años, todo el mundo considere que produzco verduras locales.

¿Crees que hay un «sabor japonés»?

Sí, hay un sabor japonés. El dashi, el umami, el agridulce del mirin, la salsa de soja… En los restaurantes europeos, a veces ponen un poco de kombu o de dashi y eso le da al plato matices japoneses que nos recuerdan lo que acostumbramos a comer; y reconforta. Eso es el sabor japonés, el sabor de nuestra tierra, que se filtra en algunos platos y, así, nos la recuerdan.

¿Cuáles crees que son los próximos desafíos de la agricultura japonesa?

La población japonesa está tan contenta con la producción local, con lo *made in Japan*, que no presta demasiada atención a si es orgánico o a si contiene muchos pesticidas. Japón es uno de los mayores consumidores de pesticidas del mundo, aunque la situación está empezando a cambiar.

Queremos frutas y verduras con buen sabor, con una forma perfecta. Pensamos más en el sabor o en la estética. Las frutas y verduras se venden una a una, se envasan individualmente… Los japoneses tienden a dejar de lado el aspecto ambiental a cambio de comer algo bonito y con buen sabor, mientras que la generación de mis abuelos no pensaba en absoluto de esa manera. Creo sinceramente que bastaría con que los japoneses estuvieran bien informados y sensibilizados sobre este tema para que las cosas evolucionaran rápidamente. No se les ha hecho reflexionar lo suficiente. No se les ha expuesto lo suficiente a los riesgos de la agricultura actual.

También sería necesario abandonar los cultivos donde todo se calibra. Por ejemplo, los pepinos han de ser completamente rectos y del mismo tamaño por cuestiones logísticas, de lo contrario no entran en las cajas. Por lo tanto, los productores sufren muchas pérdidas que luego repercuten en los precios.

También has cofundado Mura, una ecoaldea japonesa en Laval-en-Brie donde la cocina japonesa ocupa un lugar primordial. ¿Nos puedes hablar un poco de ella?

Mura es un lugar creado por y para mujeres. ¡Aunque los hombres también son bienvenidos, por supuesto! Cuatro japonesas pusimos en marcha este proyecto, porque queríamos un lugar donde las mujeres trabajadoras y las madres de familia se pudieran reunir para descansar. Maki Maruyama, Terumi Yoshimura, Hiromi Kobayashi y yo misma creamos un lugar donde sentir la riqueza de la naturaleza, lo que nos da, el paso de las estaciones… Y todo ello en relación con la comida.

Todas las actividades que proponemos se relacionan con la cultura culinaria japonesa. La idea es recolectar verduras en el huerto o hierbas en el bosque, luego cocinarlas juntas, hacer cerámica para fabricar la vajilla, aprender a teñir tejidos para confeccionar delantales… En Mura, descubrimos que podemos hacer mucho con las manos y aprendemos a apreciar lo que la naturaleza nos ofrece si respetamos la estacionalidad, si cuidamos lo que nos rodea. Queremos sensibilizar a las personas que nos visitan a través del descubrimiento, el aprendizaje y el compartir, pero también y sobre todo a través de la buena comida. En realidad, las que pusimos en marcha este proyecto fuimos cuatro glotonas. ▄

ingredientes básicos

Estos son algunos de los ingredientes imprescindibles en tu despensa si te quieres lanzar a preparar recetas de la cocina japonesa. La lista es aproximada y en absoluto exhaustiva. Complétala según tus gustos y tus preferencias.

① **Anko** - Quienes no quieran elaborar en casa esta pasta de alubias rojas ligeramente azucarada la pueden comprar. Se suele vender en conserva y en dos texturas: lisa o en puré, con trocitos de alubia. El *anko* se utiliza en muchos postres, especialmente los *dorayaki*.

② **Dashi** - Este caldo constituye la base de la cocina japonesa y es un ingrediente esencial en sopas y guisos. Se compra principalmente en forma de polvo, aunque también se encuentra en botella. Además, se puede preparar en casa con *katsuobushi* (véase el número 3) y alga kombu.

③ **Katsuobushi** - Estas virutas de bonito seco, ahumado y fermentado se utilizan para elaborar dashi y en platos como los *okonomiyakis*, donde las escamas parecen bailar con el calor.

④ **Miso** - Se trata de una pasta hecha a base de habas de soja y de arroz o cebada fermentados. Existen distintos tipos, cuyo color depende del grado de fermentación. El miso blanco y el miso rojo son los dos tipos más comunes.

⑤ **Shoyu** - Esta salsa, el equivalente a la sal europea, es un ingrediente imprescindible en la cocina japonesa y se prepara con soja, trigo, sal y agua. Se usa para condimentar carnes y pescados y también para marinar y adobar. Bastan unas gotas para dar a una vinagreta un toque de umami.

⑥ **Sake** - Hay sake para cocinar, al igual que sucede con el vino en Europa. Este vino de arroz se usa sobre todo para diluir salsas y es conocido por su intenso sabor umami. Aporta a los platos notas terrosas y malta, siempre redondas.

⑦ **Sansho** - A pesar de que se lo conoce como «pimienta japonesa», en realidad no lo es. Se usa como si lo fuera, pero pertenece a la familia de las rutáceas, a la que también pertenecen los cítricos. Por eso, además de sabores especiados y picantes, aporta notas cítricas.

⑧ **Wasabi** - La raíz de wasabi pertenece a la misma familia que la mostaza y el rábano picante y se ralla antes de su transformación en una pasta. Se utiliza para dar sabor y acompañar sushi, sashimi o fideos soba fríos.

⑨ **Yuzu kosho** - Es un condimento elaborado a partir del yuzu, un limón japonés, y chile. Esta pasta se diluye en la sopa de miso o en el *nabe*, plato invernal similar a una *fondue*. También puede acompañar a los sashimis.

⑩ **Vinagre de arroz** - Indispensable en marinadas de verduras, aliños para ensalada y, sobre todo, en el arroz para sushi. Unas pocas gotas de vinagre de arroz aportan notas de malta a cualquier receta.

⑪ **Tamari** - La salsa tamari es como la salsa de soja, con la diferencia de que está hecha exclusivamente con soja y no contiene ni rastro de trigo. Por lo tanto, es ideal para las personas intolerantes al gluten.

⑫ **Mirin** - Es un alcohol de arroz dulce que solo se usa para cocinar. Se usa en la elaboración de salsas, a las que aporta un ligero sabor agridulce. Se guarda en frío y protegido de la luz.

⑬ **Tempurako** - Para aquellos que quieran cocinar tempura, el *tempurako* es una mezcla de almidón de patata y de harina de trigo. Una valiosa combinación para fritos tan crujientes como ligeros.

1

2

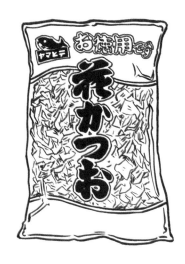
3

4

5

6

7

8

9

10

11

12

東京 TOKIO

El *konbini*, un reflejo
de la sociedad japonesa —————— 20

La lonja de pescado,
una institución tokiota —————— 33

Un paseo por Kappabashi-dori, la
calle de los aficionados a la cocina — 46

Ryoko Sekiguchi: «Tokio ha perdido
su cocina tradicional y se abre a
posibilidades infinitas» —————— 60

Bento, o el arte japonés
de las fiambreras —————————— 72

El *konbini*, un reflejo de la sociedad japonesa

Estos minimercados son uno de los emblemas del archipiélago.
Allí se puede encontrar todo lo que uno pueda necesitar… y más.
Si se observan con atención, revelan una instantánea perfecta
de la sociedad japonesa.

«Irasshaimase!» Apenas el cliente ha cruzado el umbral de un *konbini*, el personal le dirige el célebre y melódico «¡Bienvenido!» emblemático de estos minimercados abiertos todos los días y, en algunos casos, las 24 horas del día. Ya sea en Tokio, Kioto, Osaka o en pleno Japón rural, es imposible pasar por alto estos establecimientos. Y con razón: en 2020, había 50 000 en todo el territorio japonés, es decir, uno por cada 2500 habitantes.

El concepto, importado de Estados Unidos pero adaptado luego al estilo japonés, llegó a Japón en 1974, cuando el primer *konbini*, contracción a la japonesa del inglés *convenience store*, abrió sus puertas en el barrio de Toyosu, en la bahía de Tokio. El concepto es muy simple: vender todo lo que se pueda necesitar en la vida cotidiana, desde alimentos a productos de higiene o limpieza. En este periodo de crecimiento acelerado, el *konbini* se convirtió en un destino imprescindible para otra figura emblemática, también nacida en esos años de prosperidad: el *salaryman*. Este empleado modelo de la *Japan Inc.*, con su traje negro, camisa blanca y maletín, convirtió a estos minimercados en una extensión de su hogar. Allí tomaba el café matutino, compraba un *bento* u onigiris para el almuerzo e, incluso, si perdía el último tren de la noche para volver a casa, podía encontrar una camisa, calcetines y calzoncillos para empezar un nuevo día con ropa limpia.

EL ARTE DE VOLVERSE INDISPENSABLE

Tras su éxito inicial, los *konbinis* ocuparon hasta la última parcela disponible para montar sus estantes perfectamente surtidos y ordenados al milímetro. Se establecieron en zonas residenciales y en distritos comerciales; ocuparon estaciones de metro y de tren; invadieron campus universitarios y alimentaron a los viajeros en las áreas de servicio de las autopistas. Tres cadenas se repartían el 80 % de los ingresos del sector, con Seven Eleven a la cabeza, seguido de Family Mart y Lawson. Es raro, especialmente en Tokio, que cuenta con 2100 Seven Eleven, recorrer más de 200 metros sin encontrarse con el logotipo de alguna de estas tres cadenas. A veces, dos *konbinis* del mismo grupo compiten a sendos lados de un cruce. Una estrategia bien pensada, como explicó Minoru Matsumoto, uno de los responsables de comunicación de Seven & I Holdings Co.: «Aplicamos una estrategia de dominación: la presencia de un segundo Seven Eleven en un cruce se justifica incluso aunque ya contemos con uno porque, así, el cliente potencial se ahorra tener que cruzar la calle».

Los *konbinis* son maestros del arte de volverse indispensables. En la década de 1970, estos minimercados ofrecían principalmente alimentos, bebidas, productos de limpieza y de higiene y algunas revistas. Con el tiempo, su oferta se ha expandido y diversificado hacia múltiples servicios. Ahora, uno puede comprar entradas para conciertos, dejar ropa para que la laven y planchen, pagar impuestos locales, pagar el impuesto de circulación, retirar dinero, enviar un fax (algo todavía muy popular en Japón), imprimir cualquier documento o enviar cartas. Ningún otro supermercado ni tienda de barrio se puede jactar de ofrecer tantos servicios a la carta, todo dentro de un local que nunca supera los 100 m².

COMPRAS CON DATOS EN TIEMPO REAL

Los alimentos representan la principal fuente de ingresos de los *konbinis*: tres cuartas partes, para ser exactos, de las cuales la mitad corresponde al consumo inmediato. Estos establecimientos han apostado por el abastecimiento en tiempo real de sus estantes para satisfacer cada vez más a su clientela y también analizan datos en tiempo real. Antes de escanear el primer artículo del cliente, el cajero proporciona dos datos a la caja registradora: el género y la edad aproximada

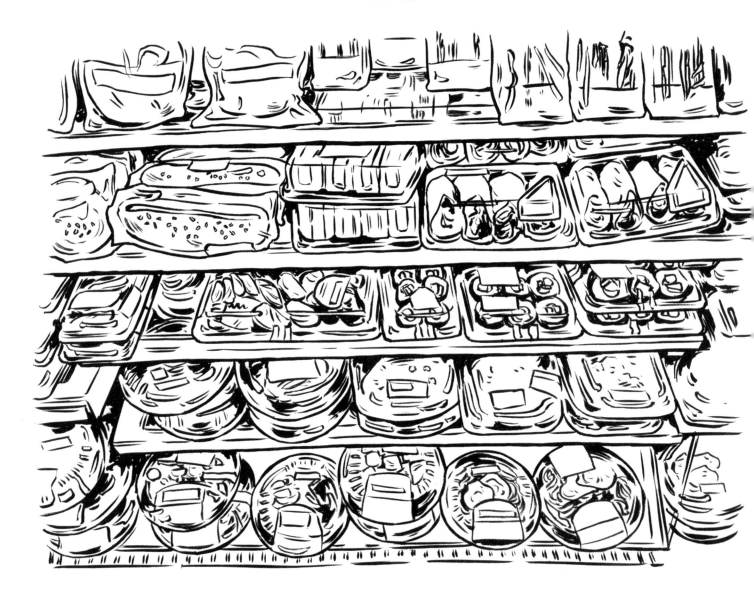

Dado el envejecimiento de la sociedad japonesa, la última tendencia es la adaptación de los konbinis a una clientela cada vez más mayor. En su interior, todo está pensado para facilitar la vida de los mayores.

del comprador. Esto permite determinar el público objetivo de cada tienda y, así, precisar la oferta. Además de saber qué poner en los estantes, este análisis de datos en tiempo real evita las rupturas de *stock*. Y es que uno de los principios básicos del *konbini* es no tener existencias en el almacén. Gracias a los códigos de barras, las centrales de las plataformas de distribución de las cadenas reciben información instantánea sobre las ventas y, por lo tanto, sobre el estado de los productos en los estantes. Las órdenes de reposición se activan de inmediato y la información se transmite al almacén, que envía un camión de reparto al instante. Esto permite a los clientes encontrar onigiris recién preparados o *tamago sando*, el popularísimo sándwich de huevo, a cualquier hora del día o de la noche, incluso en plena hora punta al mediodía.

Observar las tendencias y mutaciones de estos supermercados de bolsillo también permite entender las dinámicas de la sociedad japonesa. Por ejemplo, los productos de higiene ganan cada vez más espacio en los estantes a medida que las mujeres acceden al mercado laboral con más facilidad, mientras que ciertos referentes desaparecen temporalmente, como las revistas eróticas, que daban mala imagen en momentos de grandes competiciones internacionales como la Copa Mundial de Rugby o los Juegos Olímpicos. El envejecimiento de la clientela es la última tendencia a la que se han tenido que adaptar los *konbinis*. En

2021, el 30 % de los japoneses tenía más de 65 años. ¿Podría ser que los ancianos sustituyeran pronto a los hombres solteros y a los adolescentes como los principales consumidores de *konbinis*? Parece posible, si se tienen en cuenta algunas de las últimas innovaciones de estos gigantes del comercio de proximidad. Seven Eleven lanzó hace poco un servicio de entrega de alimentos a domicilio para personas mayores. La cadena Lawson ha ido aún más lejos. En 2006, abrió en Awaji, a pocos kilómetros de Kobe, su primera tienda totalmente dedicada a personas mayores. En su interior, todo ha sido diseñado para facilitarles la vida: pasillos más anchos, estantes más bajos, etiquetas de precios más grandes, puertas con apertura automática y áreas para comer con mesas y sillas para que los clientes se puedan aposentar. Y esto es solo el comienzo, ya que la cadena planea, para 2025, dedicar el 20 % de sus tiendas a estos consumidores de la tercera edad.

¿HA TOCADO TECHO EL MODELO?

A pesar de lo eficiente de su gestión, las cadenas de *konbinis* no previeron el palo que llevan metido en la rueda desde hace un tiempo: la dificultad para encontrar personal. Cada establecimiento es una franquicia y es responsabilidad del comerciante contratar al personal, compuesto principalmente por estudiantes, amas de casa a media jornada o trabajadores extranjeros, sobre todo del sudeste asiático. Estos *arubaito* o *mini jobs*, precarios y pobremente remunerados, ya no encuentran candidatos, especialmente para los turnos de noche. Ante la falta de aspirantes para estos puestos nocturnos, algunas tiendas han comenzado a reducir sus horarios de apertura, lo que no necesariamente gusta a las matrices. Un franquiciado de la región de Osaka sufrió las consecuencias. Cuando cerró su *konbini* entre la una y las seis de la madrugada, se granjeó la ira de Seven Eleven, que lo amenazó con una penalización de 17 millones de yenes (135 000 euros) por violación de las cláusulas contractuales. Finalmente, perdió la franquicia de su tienda. Este caso, muy mediático, llevó a una investigación seguida de un informe en octubre de 2020 por parte de la Comisión Japonesa de Comercio Justo, que cuestionó las prácticas comerciales de las principales cadenas del sector y solicitó un plan de medidas colectivas. Algunas cadenas, bajo presión, aceptaron revisar la cantidad de ingresos retenidos por los franquiciados y comenzaron a permitir que algunas tiendas redujeran sus horarios de apertura, una tendencia acelerada por la pandemia de COVID-19. Podría ser que el modelo de *konbini*, que supuso la materialización de una época de crecimiento acelerado, esté experimentando ahora su mayor transformación. ∎

| Dificultad ●●○ | Salen 4 onigiris (2 raciones) | Preparación: 24 h Cocción: 45 min |

onigiri

- 1 lomo de salmón, de unos 100-120g
- 300 g de arroz redondo blanco
- 360 g de agua filtrada
- 2 hojas de alga nori
- 1 cdta. de sal
- ½ cda. de semillas de sésamo

Preparación

La víspera, cubre de sal el filete de salmón, sin que el lado de la piel entre en contacto con la sal. Deposítalo en un plato y métemelo en el frigorífico toda la noche (o, si puedes prepararlo con más antelación, 2-3 días).

Cocción del arroz: enjuaga el arroz bajo el grifo de agua fría con cuidado, para que los granos no se rompan. Repite 2-3 veces y deja el arroz en un colador, para que el agua se escurra. Pasa el arroz limpio y el agua filtrada a una cazuela. Tápala y deja reposar un mínimo de 30 min antes de iniciar la cocción. Cuece a fuego vivo 5 min y luego a fuego bajo otros 10 min. Apaga el fuego y deja reposar el arroz sin destapar la cazuela.

Cocción del salmón: retira con papel de cocina absorbente el exceso de sal y de agua en la superficie del salmón. Deposítalo, con el lado de la piel hacia abajo, en una sartén caliente. Tápala y, si es posible, deja un resquicio abierto. Cuece durante 25-30 min a fuego muy bajo. Una vez se haya hecho el salmón, córtalo en cuatro. Si te gusta la piel, consérvala para el onigiri; en caso contrario, retirarla es muy fácil.

Mezcla en un bol 100 ml de agua y 1 cucharada de sal. Humedécete las palmas de las manos con el agua salada, para evitar que los granos de arroz se te peguen a los dedos. Ahora, deposita entre 100-120 g de arroz sobre la palma de la mano. Aplánalo un poco y forma un hoyito en el que depositarás un poco del salmón que acabas de preparar. Forma un triángulo sin apretar demasiado, pero sí lo bastante como para que se aguante. Enróllalo con una hoja de alga nori cortada en tres o en cuatro. Sírvelo caliente.

Si los vas a comer más tarde, no envuelvas los onigiri con el alga hasta el momento de servirlos, para que esta conserve la textura crujiente.

tonkatsu

- 2 lonchas de lomo de cerdo de 1-1,5 cm de grosor
- 100 g de harina
- 1 huevo batido
- 100 g de pan rallado
- 500 ml de aceite para freír
- 4 cdas. de salsa *tonkatsu*
- ¼ de choudou
- ¼ de limón
- 1 pizca de sal y de pimienta molida fina

Preparación

Prepara 3 platos o recipientes planos: uno para la harina; uno para el huevo batido y dos cucharadas de agua; y otro para el pan rallado.

Salpimienta el lomo de cerdo antes de rebozarlo por completo en harina.

Sumerge el lomo enharinado en el huevo y luego en el pan.

Fríe el lomo rebozado a 170-180 °C (t. 5-6) durante 10-15 min o hasta que el pan esté bien dorado. Retira el lomo de la sartén y escúrrelo sobre una rejilla para fritura.

Sirve la carne con el choudou cortado en láminas finas, el limón y la salsa *tonkatsu*.

gyoza

Dificultad ●●○   Salen 18 gyozas (2-3 raciones)   Preparación: 40 min   Cocción: 12 min

Masa de gyoza

- 125 g de harina panificable T55
- 85 ml de agua hirviendo
- 2 pizcas de sal
- 1 puñado de fécula de patata

Relleno

- 150 de col
- 50 g de puerro
- 50 g de cebolleta
- 150 g de carne de cerdo o de pollo picada
- 1 cdta. de ajo rallado
- 1 cdta. de jengibre rallado
- 1 cdta. de aceite de sésamo
- 1 cdta. de mirin
- 1 cdta. de sake
- 1 cdta. de salsa de soja
- 3 g de sal
- 1 pizca de pimienta
- 1 puñado de fécula de patata (para evitar que la masa se pegue)

Preparación

Masa

Mezcla la harina y la sal en un bol. Vierte el agua caliente y remueve con palillos o con un tenedor. La masa aún no quedará homogénea. Amasa durante al menos 5 min o hasta que obtengas una bola lisa sin pliegues ni fisuras.

Envuelve la masa con film transparente o tápala con un bol. Déjala reposar 15-30 min a temperatura ambiente.

Ahora, corta la bola de masa por la mitad y forma dos churros haciéndola rodar con las manos. Corta cada uno de los churros en nueve trozos iguales (dieciocho en total), a los que darás forma de bolita.

Espolvorea la superficie de trabajo y una de las bolitas con fécula de patata. Aplasta la bolita una primera vez con la palma de la mano para aplanarla y luego estírala con ayuda de un rodillo. Forma un disco de unos 10 cm de diámetro y con los bordes un poquito más finos que el centro. Repite hasta que tengas 18 discos.

¡Cuidado! Como la masa se seca muy rápidamente, tapa la masa y las bolitas que aún no hayas trabajado, para evitar que se endurezcan.

Relleno

Pica finamente todas las verduras del relleno (la col, el puerro y la cebolleta). Añade la sal, remueve con suavidad y deja reposar durante 10 min para que expulsen el líquido.

En un bol, mezcla el resto de los ingredientes del relleno y amasa bien.

Escurre bien las verduras, que habrán expulsado agua, y pásalas al bol. Amasa de nuevo.

El relleno está listo. Déjalo reposar en fresco durante 15 min.

FORMAR LAS GYOZA

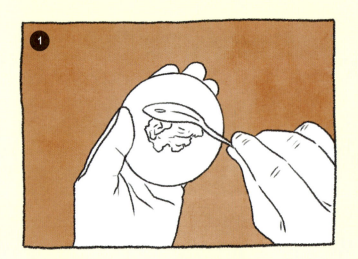

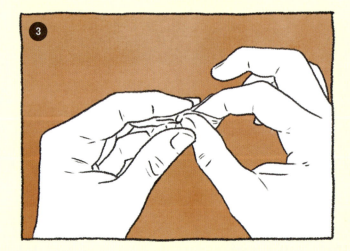

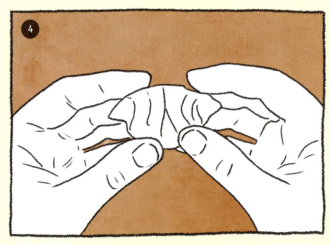

Para la cocción

1 cda. del aceite que prefieras

1 cda. de aceite de sésamo

Salsa para untar

1 cda. de salsa de soja

1 cda. de vinagre de arroz

Unas pocas gotas de un aceite picante (opcional)

Elaboración de las gyozas

Espolvorea un plato grande con la fécula de patata. Al lado, dispón un bol de agua y una cucharilla o un cuchillo de mantequilla. Deposita uno de los discos de masa sobre la palma de la mano y pon dos cucharaditas de relleno en el centro. Humedece el borde el disco con un dedo, dóblalo por la mitad y pega los bordes formando pliegues. Cierra bien la masa para evitar que salga jugo durante la cocción. Pon las gyozas en el plato de una en una.

Cocción

Calienta una sartén a fuego vivo, añade el aceite y luego las gyozas, las unas junto a las otras y con el lado cerrado hacia arriba. Dóralas durante 1-2 min. Añade agua hasta media altura de las gyozas, tapa la sartén y cuece a fuego medio durante 5-10 min.

Al cabo de 5 min, destapa la sartén y deja que se evapore el resto del agua. Añade el aceite de sésamo si quieres un acabado más crujiente (no es indispensable) y prolonga la cocción 1-2 min. Comprueba que las gyozas se despegarán bien. Para servirlas, dales la vuelta y deja la cara dorada hacia arriba.

Sírvelas calientes y úntalas en la salsa.

La lonja de pescado, una institución tokiota

El mercado de Toyosu, inaugurado en 2018, es el nuevo centro de los profesionales de la alimentación. Sin embargo, su alma sigue en Tsukiji, la histórica lonja a la que sustituyó.

El reloj marca poco más de las cinco de la mañana y la gran sala de subastas de la lonja de Toyosu ya bulle mientras Tokio sigue (casi) dormida. El suelo verde oscuro está cubierto de atunes perfectamente alineados y el maestro de subastas, con gorra, camisa de rayas y micrófono, dirige este ceremonial matutino. A su lado, los compradores evalúan la mercancía y se comunican con él a través de un hábil juego de movimientos de dedos llamado *terayi*. Las manos ondean, dibujan círculos, muestran números y, en menos de una hora, el pescado está vendido. Luego comienza otro baile, el de los montacargas que llevarán los lotes comprados a los camiones de los pescaderos o restauradores que a veces recorren varios cientos de kilómetros para abastecerse. En cuestión de minutos, la sala de subastas está vacía; solo el suelo aún húmedo y las cajas térmicas de poliestireno apiladas en un rincón dan fe de la actividad pasada.

LA LONJA MÁS GRANDE DEL MUNDO

El mercado de Toyosu, ubicado en el barrio de Odaiba, en la bahía de Tokio, es la lonja de pescado más grande del mundo. Comerciantes y restauradores se agolpan allí de lunes a sábado. Y sí, es aquí donde se lleva a cabo la célebre subasta de atunes conocida en todo el mundo; sin embargo, los profe-

DATO CURIOSO

¿Por qué el suelo de la sala de subastas es verde mientras que el de las otras salas es blanco? Porque los compradores se fijan en el rojo brillante de la carne de los atunes, un color que destaca más sobre un fondo verde que sobre un fondo blanco.

sionales también pueden comprar pescado salado y seco, erizos de mar, peces vivos, camarones, pulpos, crustáceos o pescado fresco. El vientre de Tokio también tiene una rica oferta de frutas y verduras, tanto del archipiélago como del extranjero.

Sin embargo, y a pesar de la calidad de los productos que ofrece, el joven y flamante mercado de Toyosu no convence a todos, ya sean profesionales o turistas. Se inauguró en 2018 y sucedió al icónico mercado de Tsukiji, cuyo corazón latía desde 1936 y al que se consideraba demasiado pequeño para el volumen de negocios, además de

que había quedado anticuado y no cumplía la normativa antisísmica más reciente. Cerró sus puertas y la actividad se trasladó a Toyosu, a solo dos kilómetros de distancia, pero en una zona mucho menos accesible y, en especial, muy contaminada. De hecho, durante las primeras inspecciones, los niveles de arsénico, cianuro, mercurio y benceno, entre otros tóxicos, superaban con creces los máximos permitidos por la regulación: los suelos y las aguas subterráneas todavía muestran señales de la antigua planta de gas que antes ocupaba el solar. La apertura del mercado se pospuso para descontaminar la zona y la primera subasta de atunes se celebró en octubre de 2018 bajo la atenta mirada de cámaras de todo el mundo.

Toyosu es un complejo gigantesco y compuesto por tres edificios (dedicados a subastas, ventas al por mayor y venta de frutas y verduras) conectados entre sí por varias pasarelas. Los recorridos están señalizados y los visitantes deben observar las subastas y las ventas al por mayor desde pasillos de observación, elevados a varios metros sobre el suelo y separados de la actividad por un gran vidrio. «Aunque dejaron un pequeño espacio entre el vidrio y el techo para que se pueda escuchar un poco de lo que sucede ahí abajo y percibir algunos olores, da la impresión de que uno está en un museo más que en una lonja de pescado», se lamenta Akiko, que ha venido a presenciar las subastas con su hijo, Sota. «El edificio donde se nota más la atmósfera es el de las frutas y verduras, ¡y no me dirás que eso no es raro en un mercado que es famoso por su pescado!» Efervescencia, quizás sea eso lo que le falta a este mercado, donde ahora el sushi y otros productos del mar se disfrutan en restaurantes y no directamente junto a los mostradores de las pescaderías, de las que los visitantes antes se alejaban víveres en mano. «Es como si el alma de Tokio, que hacía siglos que vivía en estos mercados, se hubiera apagado un poco», se lamenta Sota.

LOS MERCADOS, UNA HISTORIA CENTENARIA

La venta de pescado al por mayor se remonta al comercio de trueque del periodo Edo (1603-1867), cuando los pescaderos que abastecían al sogunato Tokugawa tenían permiso para vender a los habitantes el excedente de su pesca cerca del puente de Nihonbashi. Este puente, que ahora conecta el distrito de Ginza con la estación de Tokio, era el punto de partida de las cinco grandes rutas de Japón. Durante el periodo Taisho (1868-1926), los mercados desempeñaron un papel importante como garantes del suministro de alimentos a la población, pero la Primera Guerra Mundial provocó el aumento de los precios y, en 1918, estallaron las revueltas del arroz. En 1923, se promulgó una ley sobre mercados mayoristas que estabilizó los precios de los alimentos. Entonces, el gran terremoto de Kanto arrasó la capital japonesa. El mercado de Tsukiji se construyó en 1935, como parte de un plan de mercados públicos mayoristas implantado por el gobierno metropolitano de Tokio.

Aunque el edificio principal cerró sus puertas en 2018, el mercado exterior sigue vivo. En el laberinto de calles que rodea el antiguo edificio, tanto las tiendas de alimentos y de enseres de cocina como los restaurantes continúan con su actividad. La lluvia llega a Tokio, pero nada puede detener a los *gourmets* que abren los paraguas transparentes rumbo a la próxima parada culinaria. «No quise ir al nuevo mercado, porque no tenía los medios», explica el pescadero Yukio Okiguchi. «Vendo sobre todo a particulares y, como eso no es posible en Toyosu, iba a perder dinero. Así que decidí quedarme y creo que hice bien», dice con una sonrisa antes de atender a uno de los numerosos clientes que esperan frente a su puesto.

TSUKIJI, «UNA PARTE DE LA HISTORIA CULINARIA JAPONESA»

Takashi y Yasuko Shioda ordenan su tienda justo al lado de la pescadería. Aquí no hay ni un espacio vacío. Bolsas de semillas, especias y condimentos indispensables para preparar deliciosos platos japoneses ocupan hasta el último rincón. Yasuko dirige esta tienda desde 1954 y ahora lo hace con ayuda de su hijo. Tampoco tenían los medios para mudarse a esos dos kilómetros de distancia, y la incertidumbre sobre si podrían mantener la clientela también fue demasiado para ellos. «Aquí la gente puede venir a pie desde casa y los restauradores con los que trabajamos pueden venir sin sufrir atascos, lo que no es en absoluto el caso del nuevo mercado. Era demasiado arriesgado, así que nos quedamos.»

Tomoko nació y creció en Tokio. Hoy, guía a uno de sus amigos ingleses por el mercado. Apoyados en la alta mesa instalada cerca de los puestos de pescado de Saito Suisan, se disponen a degustar erizos frescos, recién salidos del agua. «Tsukiji me vio crecer. Venía con mi abuela y con mi madre y ahora traigo a mis amigos, aunque el edificio principal esté cerrado. Tsukiji es mucho más que una lonja de pescado: es una parte fundamental de la historia culinaria de Japón.» ▬

TOYOSU EN NÚMEROS

• 500 variedades de pescado vendidas en el mercado.
• 270 tipos de frutas y verduras repartidas en los distintos puestos.
• 42 000 empleados trabajan a diario en el nuevo emplazamiento.
• 3200 millones de dólares de ingresos en 2020.

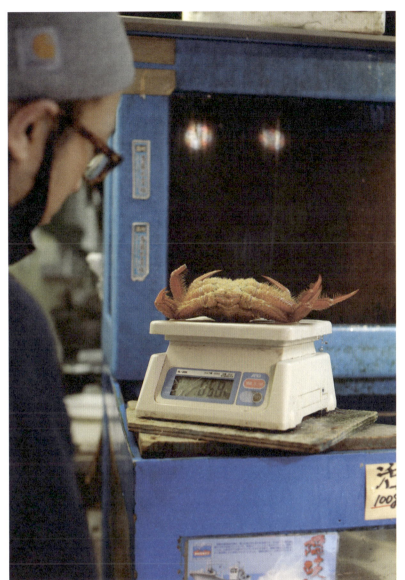

kaisendon

Dificultad ●●○   4 raciones   Preparación: 30 min   Cocción: 30 min

Arroz para sushi

- 450 g de arroz blanco para sushi
- 560 ml de agua filtrada
- 110 ml de vinagre de arroz o de sidra
- 40 g de azúcar
- 12 g de sal

Guarnición

- Unas 15 láminas del pescado crudo o marisco que prefieras (salmón, atún, dorada, gambas, huevas de salmón...)
- Hojas de shiso (opcionales)
- Hojas de alga nori (opcionales)

Tortilla japonesa

- 3 huevos
- 1 cda. de azúcar
- ½ cdta. de salsa de soja
- 1 pizca de sal

Salsa para untar

- Salsa de soja
- Wasabi (opcional)

Preparación

Arroz para sushi

Enjuaga el arroz bajo el grifo de agua fría con cuidado, para que los granos no se rompan. Repite 2-3 veces y deja el arroz en un colador, para que el agua se escurra.

Pasa el arroz limpio y el agua filtrada a una cazuela. Tápala y deja reposar el arroz durante un mínimo de 30 min antes de iniciar la cocción.

Cuece a fuego vivo durante 5 min y luego, cuando hierva, a fuego bajo otros 10 min. Apaga el fuego y deja reposar 10 min sin destapar la cazuela.

Mezcla el vinagre de arroz, el azúcar y la sal en un bol pequeño.

Extiende el arroz cocido sobre una bandeja plana.

Remueve con cuidado y añade el vinagre mientras enfrías el arroz con un abanico.

Tortilla japonesa

Bate los huevos y añade el azúcar, la salsa de soja y la sal.

Calienta el aceite en una sartén y añade una pequeña cantidad de huevo batido, de modo que formes una crep fina.

Haz rodar la crep hasta el lado contrario de la sartén.

Si es necesario, engrasa el fondo de la sartén con papel de cocina empapado en aceite y vuelve a verter una pequeña cantidad de huevo mientras levantas ligeramente la crep que acabas de enrollar, para hacer pasar un poco de huevo crudo por debajo.

Enrolla esta segunda crep con la anterior hasta el lado opuesto de la sartén. Repite hasta que no te quede más huevo.

Presentación

Deposita el arroz para sushi en un cuenco y dispón lonchas de pescado crudo y de tortilla por encima. Decora con una hoja de shiso o de nori cortada en tiritas.

fukagawa meshi

450 g de arroz blanco

800 g de berberechos o mejillones

50 g de zanahoria

20 g de jengibre

Caldo

520 ml de caldo dashi (o 520 ml de agua + 8 g de dashi liofilizado)

50 ml de sake

½ cda. de salsa de soja

1 cdta. de sal

Preparación

Enjuaga el arroz bajo el grifo de agua fría con cuidado, para que los granos no se rompan. Repite 2-3 veces y deja el arroz en remojo durante al menos 30 min (el agua no es la que aparece en la lista de ingredientes).

Corta la zanahoria en trocitos.

Corta el jengibre en trocitos muy pequeños.

Vierte el caldo dashi, el sake, la salsa de soja y la sal en el agua y lleva a ebullición. Añade los berberechos o mejillones y cuece hasta que se abran.

Reserva el agua de cocción de los berberechos o mejillones.

Escurre el arroz en un colador. Pásalo a una olla con el jugo de cocción, la zanahoria y el jengibre. Tapa hasta que llegue a ebulición y, entonces, mantén a fuego bajo durante 12 min. Apaga el fuego, añade los berberechos (sin las conchas) y deja reposar, tapado, durante 10 min.

レシピブック　　Dificultad ●○○　　Salen 8 temakis (3-4 raciones)　　Preparación: 40 min　Cocción: 30 min

temaki de salmón

Arroz para sushi

450 g de arroz redondo blanco

560 ml de agua filtrada

110 ml de vinagre de arroz o de sidra

40 g de azúcar

12 g de sal

Relleno a elegir (4 variantes)

A) 1 loncha de salmón ahumado

½ aguacate

B) 2 gambas cocidas

½ aguacate

C) 1 lata de atún

¼ de cebolla picada fina

1 cdta. de mayonesa

1 pizca de sal

D) ½ pepino cortado en juliana

2 hojas de shiso

4 hojas de alga nori

Wasabi (opcional)

Hojas de shiso (al gusto)

Salsa para mojar

Salsa de soja

Preparación

Cocción del arroz

Enjuaga el arroz bajo el grifo de agua fría con cuidado, para que los granos no se rompan. Repite 2-3 veces y deja el arroz en un colador, para que el agua se escurra.

Pasa el arroz limpio y el agua filtrada a una cazuela. Tápala y deja reposar el arroz durante un mínimo de 30 min antes de iniciar la cocción.

Cuece a fuego vivo durante 5 min y luego, cuando hierva, a fuego bajo otros 10 min. Apaga el fuego y deja reposar 10 min sin destapar la cazuela.

Mezcla el vinagre de arroz, el azúcar y la sal en un bol pequeño.

Extiende el arroz cocido sobre una bandeja plana.

Remueve con cuidado y añade el vinagre mientras enfrías el arroz con un abanico.

Preparación de las 4 variantes

A. Corta la loncha de salmón ahumado por la mitad y la mitad de aguacate en cinco bastoncitos longitudinales del mismo tamaño.

B. Pela las gambas y hazles tres o cuatro incisiones en el vientre, para que se queden derechas. Corta la mitad de aguacate en cinco bastoncitos longitudinales del mismo tamaño.

C. Pica finamente el cuarto de cebolla y mézclala con una pizca de sal. Añade el atún y la mayonesa y remueve bien.

D. Corta en juliana el pepino. Enjuaga las hojas de shiso.

Corta las hojas de nori por la mitad.

Presentación

Deposita la mitad de una hoja de alga nori en la palma de la mano. Dispón encima y con cuidado 40-50 g de arroz para sushi y el relleno de tu elección (A-D) en el centro del arroz. Añade wasabi al gusto (opcional). Enrolla la hoja de nori con los ingredientes dentro. Sirve y moja en la salsa de soja.

Kappabashi-dori, la calle de los aficionados a la cocina

Cerámica, utensilios de todo tipo, baterías de cocina, cuchillos e incluso hornos... En esta calle de 800 metros dedicada por completo a la cocina, se puede encontrar de todo y más.

Ahí está, imperturbable. Con su gorro blanco, su pañuelo celeste atado al cuello y su repeinado bigote, el busto de este cocinero en lo alto de un edificio marca el comienzo de Kappabashi-dori. Esta calle tokiota está en boca de todos los chefs y aficionados a la cocina. Y con razón: sus 800 metros albergan nada menos que 160 tiendas dedicadas al arte culinario. Sin embargo, aquí no hay productos frescos en los estantes. Kappabashi-dori es el templo de los utensilios, de las vajillas y de los electrodomésticos. A principios del siglo XX, hacia 1910, esta calle, ubicada al noreste de la capital y entre los barrios de Ueno y Asakusa, vio cómo tiendas especializadas ocupaban sus arcadas. Primero reservada para la venta al por mayor para profesionales, poco a poco se abrió al detalle y luego a todo tipo de clientes.

Aquí se encuentra de todo, desde lo más indispensable hasta lo más deliciosamente improbable. Por supuesto, hay verdaderas instituciones, como Kama-Asa, donde se pueden encontrar sartenes de hierro, productos de hierro fundido o cacerolas martilladas a mano; pero si todos los chefs de Tokio y más allá acuden al establecimiento es por sus cuchillos. Desde 1908, Kama-Asa proporciona una experiencia sin par en hojas de cuchillo japonesas y ofrece múltiples tipos de cuchillos, la mayoría de ellos fabricados en la región de Sakai, la cuna de la cuchillería japonesa cerca de Osaka.

LA AFILADA HISTORIA DE JAPÓN

Observar las hojas de los cuchillos y examinar su forma y su longitud revela mucho más acerca de la historia y de las prácticas de la cocina japonesa que cualquier libro de recetas. Antes de mediados del siglo XX, todas las hojas japonesas eran de un solo filo. Es decir, eran de hoja biselada y cortaban solo por un lado. La ventaja de estas hojas es que cortan las fibras de los alimentos sin dañarlas. Sin embargo, en esta categoría coexisten multitud de cuchillos diferentes dedicados a cortes específicos.

Así, hay cuchillos con hojas largas y delgadas, como el *fuguhiki* o el *yanagiba*, ideales para cortar pescado. La hoja, más larga de lo normal, permite cortarlo de una sola vez sin dañar las fibras. El ojo entrenado incluso sabría decir si la hoja proviene de Kansai (la región de Kioto y Osaka) o de Kanto (la de Tokio). También existen cuchillos con hojas más gruesas, perfectos para filetear el pescado, como el *deba* y el *ajikiri*. Finalmente, también hay cuchillos diseñados para cortar verduras, como el *kamagata usuba* y el *azumagata usuba*.

Cuando Japón abrió sus fronteras durante la era Meiji (1868-1912), la cultura occidental invadió el archipiélago y los cuchillos de doble filo entraron en los cajones. Entonces, forjadores y afiladores se lanzaron a la fabricación de estos cuchillos, que hoy son los más vendidos en todo el mundo. Y es que la cuchillería japonesa va viento en popa: según las aduanas japonesas, en 2021, las exportaciones alcan-

zaron los 90 millones de euros, el doble que hace veinte años.

DE LO IMPRESCINDIBLE A LO INDISPENSABLEMENTE SUPERFLUO

Unos metros más allá se encuentra Kanaya, el paraíso del cepillo íntegramente hecho en Japón, desde el mango hasta las cerdas, que abrió sus puertas en 1914. Entrar en esta tienda es descubrir que hay muchos más tipos de cepillos y pinceles de los que uno podría imaginar jamás. Se pueden cepillar mascotas, hasta el último milímetro de prendas de ropa y calzado, suelos o asientos de automóvil, cada uno con la herramienta precisa.

En medio de todo esto, encontramos un espacio dedicado a la cocina. Frente a nosotros, una multitud de pinceles para salsa, con cerdas de diferentes tipos y densidades según la salsa con la que queramos pintar la comida. También hay pinceles para condimentos, cepillos para verduras o incluso cepillos para limpiar sartenes, cacerolas

y otros recipientes… Hay que admitir que, sin las explicaciones detalladas de la vendedora o las pequeñas descripciones, al ojo no iniciado le sería imposible jugar al juego de las siete diferencias. La clave está en los detalles. El material utilizado varía: el cepillo para sartenes no dañará la superficie, mientras que el de vasos alcanzará el fondo sin problemas y, sobre todo, sin rayar el vidrio.

En el mismo lado de la acera, un poco más lejos bajo las arcadas, Katsutoshi Arai trabaja entre los cortadores de galletas, mientras su esposa envuelve meticulosamente un molde para pastel de acero inoxidable de tamaño increíble. Su tienda, Arai, está en esa calle desde 1949. En este revoltijo del tamaño de un pañuelo, se apila todo lo necesario para la repostería. Batidores, cucharas, mangas pasteleras, gofreras, moldes para pasteles y cortadores de galletas de todos los tamaños, desde el más pequeño hasta el más ambicioso. «Creo que es imposible salir de nuestra tienda con las manos vacías», afirma Katsutoshi Arai con una sonrisa. Chefs y aficionados a la cocina desfilan por su tienda desde hace décadas y, así, ha seguido la evolución de las modas pasteleras a través de las ventas. «Vendemos cada vez menos moldes de madera para *wagashi*. Sin embargo, los moldes para pasteles individuales funcionan muy bien desde hace un tiempo. Lo mismo sucede con los moldes para pastel de queso japonés», explica el vendedor, que se enorgullece de ofrecer casi exclusivamente moldes de acero inoxidable. «Son los mejores del mercado. Claro que eso no necesariamente es bueno para mí, porque duran mucho. También por eso ofrezco muchas tallas y formas diferentes. Cuando te gusta cocinar, siempre apetece probar cosas nuevas, ¿verdad?»

A principios del siglo XX, hacia 1910, esta calle, ubicada al noreste de la capital y entre los barrios de Ueno y Asakusa, vio cómo tiendas especializadas ocupaban sus arcadas.

TOKYO-GA

Los *sampuru* fascinan más allá de las fronteras japonesas. El cineasta Wim Wenders entró en los talleres de fabricación y filmó las meticulosas etapas de elaboración cuando la mayoría aún se hacían con cera. Para descubrirlo, echa un vistazo a *Tokyo-Ga*, una película estrenada en 1985.

JAPÓN, PATRIA DE LOS SAMPURU

Para terminar, Kappabashi-dori esconde una tienda especial, donde los helados no se derriten sea cual sea la temperatura. Las brochetas de pollo parecen recién salidas del fuego y el caldo se vierte sin cesar en los boles de ramen. Todo hace salivar y, sin embargo, cuando se abre la puerta, las fosas nasales no detectan aroma alguno. Ganso Shokuhin Sample-ya vende *sampuru*, del inglés *sample*, es decir, muestras de alimentos más reales que los de verdad. Son facsímiles de silicona, moldeados antes de ser meticulosamente pintados a mano por artesanos especializados.

Los *sampuru* llenan las vitrinas de los restaurantes para mostrar a los futuros clientes los platos elaborados en la cocina. Esta costumbre se remonta a la década de 1940, cuando estos platos artificiales se fabricaban con cera. Todavía no se sabe muy bien cuál fue su origen y hay quien explica el auge de los *sampuru* por el creciente número de extranjeros que visitaban el archipiélago en ese momento. Otros creen que permitían a los japoneses familiarizarse con los nuevos platos que los restauradores nipones empezaron a ofrecer entonces. Lo cierto es que, más de medio siglo después, los *sampuru* siguen siendo indispensables. Si bien la mayoría se fabrica ahora en China, Japón sigue siendo maestro en este arte meticuloso y las piezas más hermosas, fabricadas en su mayoría por artesanos de la ciudad de Gujo, en los Alpes japoneses, valen pequeñas fortunas. Con la llegada de la silicona, que sustituyó a la cera, los *sampuru* se volvieron más resistentes. Además, la producción se ha adaptado: los restauradores compran menos, pero los turistas extranjeros han tomado el relevo. Los talleres ahora producen sushi, gyozas o tempuras en llaveros, imanes e incluso pendientes. Recuerdos culinarios imperecederos para llevar en el equipaje.

shio ramen

Fideos

- 400 g de harina de trigo panificable (T45 o T55, preferiblemente con un contenido en proteínas del 12 %)
- 160 ml de agua filtrada (40 % del peso de la harina)
- 4 g de sal (1 % del peso de la harina)
- 2 g de bicarbonato de sodio (0,5 % del peso de la harina)
- 2 g de bicarbonato de potasio (0,5 % del peso de la harina; si no encuentras bicarbonato de potasio, sustitúyelo por bicarbonato de sodio)
- 4-5 puñados de fécula de patata

Preparación

Fideos

Pesa todos los ingredientes con precisión. En un bol pequeño, vierte el agua, la sal y el bicarbonato. Remueve bien hasta que todo se disuelva.

Vuelca la harina tamizada en un bol grande.

Remueve la harina y el agua con palillos hasta que la humedad se reparta de manera homogénea y la masa empiece a formar migas. Recupera la harina que se vaya pegando a las paredes del bol. La masa aún no está integrada del todo y recuerda a migas de pan. Métela en el fondo de una bolsa de plástico para alimentos grande y con cierre, ciérrala bien para evitar que la masa se seque y deja reposar durante 1 h, para que la harina acabe de absorber bien el agua.

Empieza a amasar al cabo de 1 h. Lo más fácil es amasarla con los pies. Abre un poco la bolsa para que entre aire y dispón un trapo o una servilleta limpios sobre el suelo limpio. Pon encima la bolsa con la masa y aplánala dando pasitos por encima. Una vez se haya aplanado y ocupe toda la bolsa, ábrela, saca la masa y dóblala en tres hacia el centro.

Vuelve a meterla en el fondo de la bolsa y repite el proceso 2-3 veces más.

Deja la masa aplanada en la bolsa. Ciérrala y deja reposar durante al menos 2 h y, si es posible, 1 día.

Ahora, corta la masa en 4 partes iguales y aplánalas con un rodillo hasta que obtengas láminas alargadas.

A. Si tienes una máquina para hacer pasta, pasa la masa por esta comenzando por el nivel «0» (el más ancho) y afinándola progresivamente hasta que obtengas el grosor deseado (se recomiendan unos 1-2 mm, o el nivel «5» de la máquina Marcato Atlas 150).

Ahora, espolvorea con fécula de patata las láminas de pasta por las dos caras y corta fideos de la longitud deseada. La longitud estándar de un espagueti funcionará muy bien.

Sopa

1 carcasa de pollo

500 g de huesos de cerdo (preferiblemente, fémur; si no encuentras huesos ni carcasa, usa 1 kg de alitas de pollo y 300 g de carne de cerdo picada)

2 muslos de pollo

1 puerro o cebolleta (solo la parte verde)

1 rodaja de jengibre

2,2 l de agua

B. Si no tienes máquina para hacer pasta, aplana con un rodillo las láminas de masa hasta que tengan un grosor de 1-1,5 mm. Espolvoréalas con fécula de patata por ambas caras, dóblalas por la mitad y corta fideos de la longitud deseada.

Una vez tengas los fideos, vuelve a espolvorearlos con fécula, para que no se peguen entre ellos. Levántalos un par o tres de veces, para asegurarte de que todos queden bien espolvoreados, y déjalos reposar en un recipiente apto para alimentos durante 1-2 días. Aunque se pueden comer inmediatamente, siempre están más buenos tras 1-2 días de reposo.

Si quieres fideos ondulados, basta con que agarres unos cuantos con la mano y los aplastes con suavidad, pero con firmeza, para darles algo de forma.

Sopa

La víspera, limpia y pon en remojo en agua los huesos de cerdo para eliminar la sangre. Déjalos 1 noche en el frigorífico o en un lugar fresco. Tras la noche en remojo, desecha el agua.

Rompe los huesos y la carcasa con un mazo de cocina o córtalos en trozos del tamaño de tu olla exprés (te puedes saltar el paso si usas alitas de pollo y carne picada).

Mete los huesos, la carcasa (o las alitas de pollo y la carne de cerdo picada), los muslos de pollo y el agua en la olla exprés.

Calienta la olla destapada a fuego vivo y lleva a ebullición. Cuando el caldo hierva y se empiece a formar una espuma parda en la superficie, reduce a fuego medio y elimina la espuma con una espumadera. Es importante espumar durante al menos 15-20 min para conseguir un caldo transparente.

Tapa y cierra la olla exprés y mantenla a fuego medio. Espera a que suba la presión y prolonga la cocción durante 1 h a fuego bajo.

Al cabo de 1 h, apaga el fuego y espera a que la temperatura baje un poco antes de abrir la olla.

Abre la olla, retira la capa de grasa de la superficie y resérvala. (La usarás como aceite aromático para perfumar el ramen.)

Añade ahora el taco de cerdo para el *chashu*, la parte verde del puerro y la rodaja de jengibre.

Cuece a fuego bajo durante 1 h 30 min, sin tapar la olla. Regula el fuego para que el agua hierva a borbotones.

Al cabo de 1 h 30 min, retira el taco de cerdo y pasa la sopa por un colador. El caldo está listo y lo puedes congelar, para luego usarlo como base para muchas otras preparaciones, como *tantan men, shoyu ramen...*

Chashu

- 300 g de lomo o panceta de cerdo, en un taco
- 150 ml de salsa de soja
- 50 ml de mirin

Shio tare

- 10 g de vieiras secas
- 3 setas shiitake secas
- 20 g de *katsuobushi* (en copos gruesos, si es posible)
- 10 g de alga kombu
- 250 ml de agua filtrada
- 15 ml de mirin
- 50 ml de sake
- 5 ml de salsa de soja
- 30 g de sal

Ajitsuke tamago

- 4 huevos
- 40 ml de salsa de soja
- 30 ml de agua
- 20 ml de mirin
- 8 g de azúcar

Condimentos (al gusto)

- 2-3 cebolletas, picadas
- Brotes de soja cocidos, al gusto
- Bambú marinado, al gusto
- Pimienta molida fina, al gusto

Chashu

Mete el taco de cerdo que acabas de cocer en una bolsita con cierre y añade la salsa de soja y el mirin de los ingredientes para *chashu*. Saca todo el aire de la bolsa, de modo que toda la superficie de la carne esté en contacto con la salsa. Marina durante al menos 1 h.

Shio tare

Deposita todos los ingredientes secos (vieiras, shiitake, *katsuobushi* y alga kombu) en una cazuela; añade el agua filtrada y deja reposar durante 1 noche.

Al día siguiente, cuece el contenido de la cazuela a fuego bajo y deja que hierva poco a poco, de modo que los ingredientes bailen delicadamente en el agua. 1 min después de la ebullición, retira el alga kombu y prolonga la cocción del resto de los ingredientes 40 min. Retira ahora todos los ingredientes sólidos y conserva solo el extracto líquido.

Añade el resto de los ingredientes del *shio tare* y lleva a ebullición 1 min antes de apagar el fuego. Deja que se enfríe un poco. El *shio tare* está listo.

Ajitsuke tamago

Mezcla en un cazo todos los ingredientes líquidos y el azúcar del *ajitsuke tamago*. Apaga el fuego y deja que se enfríe.

En una cazuela, lleva el agua a ebullición y añade con cuidado los huevos, sacados directamente del frigorífico. Hiérvelos durante 7-8 min y sácalos del agua. Enfríalos con agua fría. Pélalos y métalos en una bolsa pequeña con cierre, añade la salsa que has preparado en la etapa anterior y extrae el aire de la bolsa para que los huevos queden en contacto total con esta. Marina durante 3 h.

Condimentos

Pica la cebolleta, corta los *ajitsuke tamago* longitudinalmente por la mitad, corta el *chashu* en lonchas y prepara con antelación todos los condimentos que hayas decidido usar.

Presentación

Calienta el caldo (unos 300 ml por persona).

Cuece 140 g de fideos por persona durante unos 2 min en una olla grande con abundante agua hirviendo. Escúrrelos con cuidado. Si vas a cocer muchos fideos al mismo tiempo, asegúrate de usar una olla lo bastante grande.

Antes de que los fideos se hagan, añade 2 cdas. de *shio tare*, 1 cda. de aceite aromático y un poco de pimienta molida en el fondo de un bol. Añade entonces la sopa caliente (adapta la cantidad de *tare* a tu gusto).

Deposita con cuidado los fideos cocidos en el bol de sopa y añade *chashu*, *ajitsuke tamago*, cebolleta, etc. Sirve muy caliente.

Dificultad ●●●   4 raciones   Preparación: 2 días
Cocción: 4 h

shoyu ramen

Fideos

400 g de harina de trigo panificable (T45 o T55, preferiblemente con un contenido en proteínas del 12 %)

160 ml de agua filtrada (40 % del peso de la harina)

4 g de sal (1 % del peso de la harina)

2 g de bicarbonato de sodio (0,5 % del peso de la harina)

2 g de bicarbonato de potasio (0,5 % del peso de la harina; si no encuentras bicarbonato de potasio, sustitúyelo por bicarbonato de sodio)

4-5 puñados de fécula de patata

Preparación

Fideos

Pesa todos los ingredientes con precisión. En un bol pequeño, vierte el agua, la sal y el bicarbonato. Remueve bien hasta que todo se disuelva.

Vuelca la harina tamizada en un bol grande.

Remueve la harina y el agua con palillos hasta que la humedad se reparta de manera homogénea y la masa empiece a formar migas. Recupera la harina que se vaya pegando a las paredes del bol. La masa aún no está integrada del todo y recuerda a migas de pan. Métela en el fondo de una bolsa de plástico para alimentos grande y con cierre, ciérrala bien para evitar que la masa se seque y deja reposar durante 1 h, para que la harina acabe de absorber bien el agua.

Empieza a amasar al cabo de 1 h. Lo más fácil es amasarla con los pies. Abre un poco la bolsa para que entre aire y dispón un trapo o una servilleta limpios sobre el suelo limpio. Pon encima la bolsa con la masa y aplánala dando pasitos por encima. Una vez se haya aplanado y ocupe toda la bolsa, ábrela, saca la masa y dóblala en tres hacia el centro.

Vuelve a meterla en el fondo de la bolsa y repite el proceso 2-3 veces más.

Deja la masa aplanada en la bolsa. Ciérrala y deja reposar durante al menos 2 h y, si es posible, 1 día.

Ahora, corta la masa en 4 partes iguales y aplánalas con un rodillo hasta que obtengas láminas alargadas.

A. Si tienes una máquina para hacer pasta, pasa la masa por esta comenzando por el nivel «0» (el más ancho) y afinándola progresivamente hasta que obtengas el grosor deseado (se recomiendan unos 1-2 mm, o el nivel «5» de la máquina Marcato Atlas 150).

Ahora, espolvorea con fécula de patata las láminas de pasta por las dos caras y corta fideos de la longitud deseada. La longitud estándar de un espagueti funcionará muy bien.

Sopa

- 1 carcasa de pollo
- 500 g de huesos de cerdo (preferiblemente, fémur; si no encuentras huesos ni carcasa, usa 1 kg de alitas de pollo y 300 g de carne de cerdo picada)
- 2 muslos de pollo
- 1 puerro o cebolleta (solo la parte verde)
- 1 rodaja de jengibre
- 2,2 l de agua

B. Si no tienes máquina para hacer pasta, aplana con un rodillo las láminas de masa hasta que tengan un grosor de 1-1,5 mm. Espolvoréalas con fécula de patata por ambas caras, dóblalas por la mitad y corta fideos de la longitud deseada.

Una vez tengas los fideos, vuelve a espolvorearlos con fécula, para que no se peguen entre ellos. Levántalos un par o tres de veces, para asegurarte de que todos queden bien espolvoreados, y déjalos reposar en un recipiente apto para alimentos durante 1-2 días. Aunque se pueden comer inmediatamente, siempre están más buenos tras 1-2 días de reposo.

Si quieres fideos ondulados, basta con que agarres unos cuantos con la mano y los aplastes con suavidad, pero con firmeza, para darles algo de forma.

Sopa

La víspera, limpia y pon en remojo en agua los huesos de cerdo para eliminar la sangre. Déjalos 1 noche en el frigorífico o en un lugar fresco. Tras la noche en remojo, desecha el agua.

Rompe los huesos y la carcasa con un mazo de cocina o córtalos en trozos del tamaño de tu olla exprés (te puedes saltar el paso si usas alitas de pollo y carne picada).

Mete los huesos, la carcasa (o las alitas de pollo y la carne de cerdo picada), los muslos de pollo y el agua en la olla exprés.

Calienta la olla destapada a fuego vivo y lleva a ebullición. Cuando el caldo hierva y se empiece a formar una espuma parda en la superficie, reduce a fuego medio y elimina la espuma con una espumadera. Es importante espumar al menos 15-20 min para conseguir un caldo transparente.

Tapa y cierra la olla exprés y mantenla a fuego medio. Espera a que suba la presión y prolonga la cocción durante 1 h a fuego bajo.

Al cabo de 1 h, apaga el fuego y espera a que la temperatura baje un poco antes de abrir la olla.

Abre la olla, retira la capa de grasa de la superficie y resérvala. (La usarás como aceite aromático para perfumar el ramen.)

Añade ahora el taco de cerdo para el *chashu*, la parte verde del puerro y la rodaja de jengibre.

Cuece a fuego bajo durante 1 h 30 min, sin tapar la olla. Regula el fuego para que el agua hierva a borbotones.

Al cabo de 1 h 30 min, retira el taco de cerdo y pasa la sopa por un colador. El caldo está listo y lo puedes congelar, para luego usarlo como base para muchas otras preparaciones, como *tantan men*, *shoyu ramen*...

Chashu

300 g de lomo o panceta de cerdo, en un taco
150 ml de salsa de soja
50 ml de mirin

Shoyu tare

8 g de vieiras secas
2 setas shiitake secas
8 g de *katsuobushi* (en copos gruesos, si es posible)
200 ml de agua filtrada
150 ml de salsa de soja
15 ml de mirin
15 ml de vinagre de arroz

Ajitsuke tamago

4 huevos
40 ml de salsa de soja
30 ml de agua
20 ml de mirin
8 g de azúcar

Condimentos (al gusto)

2-3 cebolletas, picadas
Brotes de soja cocidos, al gusto
Bambú marinado, al gusto
Pimienta molida fina, al gusto

Chashu

Mete el taco de cerdo que acabas de cocer en una bolsita con cierre y añade la salsa de soja y el mirin de los ingredientes para *chashu*. Saca todo el aire de la bolsa, de modo que toda la superficie de la carne esté en contacto con la salsa. Marina durante al menos 1 h.

Shoyu tare

Deposita todos los ingredientes secos (vieiras, shiitake y *katsuobushi*) en una cazuela; añade el agua filtrada y deja reposar 1 noche.

Al día siguiente, cuece el contenido de la cazuela a fuego bajo durante 30 min y deja que hierva poco a poco, de modo que los ingredientes bailen delicadamente en el agua. Añade el mirin y el vinagre y prolonga la cocción 10 min. Retira ahora todos los ingredientes sólidos y conserva solo el extracto líquido.

Apaga el fuego, añade la salsa de soja y deja enfriar. El *tare* está listo.

Ajitsuke tamago

Mezcla en un cazo todos los ingredientes líquidos y el azúcar del *ajitsuke tamago*. Apaga el fuego y deja que se enfríe.

En una cazuela, lleva el agua a ebullición y añade con cuidado los huevos, sacados directamente del frigorífico. Hiérvelos durante 7-8 min y sácalos del agua. Enfríalos con agua fría. Pélalos y mételos en una bolsa pequeña con cierre, añade la salsa que has preparado en la etapa anterior y extrae el aire de la bolsa para que los huevos queden en contacto total con esta. Marina durante 3 h.

Condimentos

Pica la cebolleta, corta los *ajitsuke tamago* longitudinalmente por la mitad, corta el *chashu* en lonchas y prepara con antelación todos los condimentos que hayas decidido usar.

Presentación

Calienta el caldo (unos 300 ml por persona).

Cuece 140 g de fideos por persona durante unos 2 min en una olla grande con abundante agua hirviendo. Escúrrelos con cuidado. Si vas a cocer muchos fideos al mismo tiempo, asegúrate de usar una olla lo bastante grande.

Antes de que los fideos se hagan, añade 2 cdas. de *shoyu tare*, 1 cda. de aceite aromático y un poco de pimienta molida en el fondo de un bol. Añade entonces la sopa caliente (adapta la cantidad de *tare* a tu gusto).

Deposita con cuidado los fideos cocidos en el bol de sopa y añade *chashu*, *ajitsuke tamago*, cebolleta, etc. Sirve muy caliente.

Dificultad ●●○ — Salen 8 tenmusus (2 raciones) — Preparación: 2 h — Cocción: 15 min

tenmusu

300 g de arroz redondo blanco

360 ml de agua filtrada

Tempura

8 gambas crudas (las puedes sustituir por una verdura o carne de tu elección)

1 cda. de salsa de soja

1 cdta. de ajo rallado

1 cda. de fécula de patata

60 g de harina de trigo panificable (T45)

60 ml de agua con gas (el agua sin gas también funciona, pero el acabado será más crujiente con agua con gas)

1 cdta. de sal

500 ml de aceite para freír

2 hojas de alga nori

Preparación

Cocción del arroz

Enjuaga el arroz bajo el grifo de agua fría con cuidado, para que los granos no se rompan. Repite 2-3 veces y deja el arroz en un colador, para que el agua se escurra.

Pasa el arroz limpio y el agua filtrada a una cazuela. Tápala y deja reposar el arroz durante un mínimo de 30 min antes de iniciar la cocción.

Cuece a fuego vivo durante 5 min y, cuando hierva, a fuego bajo otros 10 min. Apaga el fuego y deja reposar 10 min sin destapar la cazuela.

Preparación de la tempura

Pela y desvena las gambas. Si son grandes, córtalas longitudinalmente por la mitad.

Añade a las gambas la salsa de soja, el ajo rallado y la fécula de patata. Mezcla bien y marina 1 h.

En un bol pequeño mezcla la harina, el agua con gas y la sal. Sumerge las gambas marinadas en la masa de modo que queden completamente rebozadas.

En una cazuela pequeña, calienta el aceite para freír a 180 °C (t. 6) y mete las gambas, dándoles la vuelta de vez en cuando. Sácalas del aceite antes de que se doren demasiado y deposítalas sobre una rejilla para que se escurran.

Montaje

Prepara un bol de agua salada con 100 ml de agua y 1 cda. de sal. Remueve bien. Mójate las manos con esta agua salada para evitar que el arroz se te pegue a los dedos.

Deposita en la palma de la mano 40-50 g de arroz. Haz un pequeño hoyo en la bola de arroz, mete ahí la tempura y forma una figura triangular con las dos manos, sin apretar demasiado y dejando que una parte de la tempura quede fuera. Envuelve el arroz con una hoja de alga nori cortada longitudinalmente. Sirve caliente o frío.

Ryoko Sekiguchi: «Tokio ha perdido su cocina tradicional y se abre a posibilidades infinitas».

Ryoko Sekiguchi es escritora y traductora. Escribe sobre todo acerca de culturas como la japonesa, la francesa, la libanesa o la italiana, y de sus vínculos con la comida. ¿Qué sucede cuando dirige su mirada, a la vez incisiva y poética, hacia su ciudad natal, a la que regresa todos los años? Veamos Tokio a través de los ojos de Ryoko Sekiguchi.

Creciste en Shinjuku, te mudaste a Francia en 1997 y regresas muy a menudo a Japón. ¿Has notado cambios en el mundo de la cocina en Tokio desde tu infancia hasta hoy?

¿Por dónde empiezo? Llevo más de 50 años en este mundo, ¡así que por supuesto que ha habido cambios! Lo más notable es que cada vez hay menos tiendas especializadas (si es que hay alguna), como tiendas de tofu, pescaderías... Dicen que cada año cierran en Japón unas cien pescaderías. Cuando era niña, vivía muy cerca de una tienda de tofu y me encargaba de ir a buscar tofu en recipientes especiales que los clientes llevábamos para transportarlo. Era muy ecológico y me tenía que concentrar para no derramar nada; cuando lo lograba, me sentía muy orgullosa. También estaba la carnicería, que vendía *korokke* (croquetas) excelentes. E incluso había un fabricante de dulces, al que observábamos cuando fabricaba sus golosinas. Ahora, la gente va al supermercado, como en Europa. Sin embargo, se están haciendo esfuerzos, y me refiero sobre todo a las generaciones más jóvenes, para recuperar las recetas antiguas y el sabor característico de Tokio, como el miso de Edo, que desapareció después de la guerra. Parece que no todo está perdido.

La evolución de la ciudad, su mineralización, su densificación... ¿han modificado estos factores el «sabor» tokiota?

Creo que hemos olvidado que en Tokio se producían, cosechaban, pescaban y cocinaban muchas cosas. Tokio es la ciudad más grande del mundo, así que nos parece normal que todo esté pavimentado y que aquí no se produzca nada, pero no es así. Bueno, hoy sí que lo es, de acuerdo, pero antes era muy distinto. Incluso sin remontarnos al periodo Edo, había verduras como el *komatsuna* que eran realmente propias de Tokio. En el barrio de Itabashi-ku [al norte de Tokio], había muchos huertos y campos conocidos por sus rábanos daikon. En la bahía de Tokio se cultivaban algas nori y se pescaba mucho. También estaba el *tsukudani*, un plato de acompañamiento que los tokiotas siempre tienen en casa. Son

peces minúsculos que se cocinan con sake, *shoyu* y mirin. Eso es el sabor tokiota. Tendemos a pensar que en Tokio todo proviene de diferentes regiones de Japón, pero no: había una verdadera cocina regional. Al menos cuando yo era niña.

¿Cuál fue el punto de inflexión?

Creo que las cosas cambiaron en la década de 1980. La mayoría de estos pequeños artesanos vivían en los barrios antiguos, que el mercado inmobiliario puso muy de moda. En el barrio de mis abuelos, vi a promotores inmobiliarios que operaban casi como *yakuza* y «proponían» a la gente vender sus casas porque los precios no hacían más que subir. Por supuesto, cuando se amenaza a la gente para que venda y se les ofrece cierto precio, se van del barrio. Así que se mudaron a Chiba, a Ibaraki o a Kanagawa, y así fue como perdimos mucho conocimiento local.

¿Hay platos rituales que marcan tu regreso cuando vuelves a Japón?

Mi madre siempre me prepara los mismos platos, ¡hace más de medio siglo que celebramos el mismo ritual! Uno de esos platos es el *osekihan*. *Seki* significa «rojo» y *han*, «arroz». Por lo tanto, el *osekihan* es un plato de arroz con alubias rojas. El agua de cocción de las alubias se reserva y luego se usa para hacer el arroz al vapor, no en la arrocera. Es un plato sencillo y típico de las celebraciones. En la familia Sekiguchi, lo comemos cuando celebramos algo, como un éxito o el regreso de uno de nosotros. Prepararlo requiere tiempo, y hay que evitar que quede demasiado tierno o caldoso. A veces hay que empezar de nuevo, así que exige compromiso. Además, como era uno de los platos que hacía mi abuela, mi madre me pregunta siempre: «¿Es tan bueno como el que hacía tu abuela?». Este plato también es una oportunidad para pensar en quienes ya no están con nosotros. Hablamos de las veces que mi abuela lo preparaba para mi abuelo. En realidad, con el *osekihan* celebramos el regreso de los vivos, pero también de los muertos.

He oído que también tienes el ritual de ir a FARO, el restaurante del chef Kotaro Noda. FARO es un restaurante de cocina italiana

Creo que hemos olvidado que en Tokio se producían, cosechaban, pescaban y cocinaban muchas cosas.

vegana. ¿Por qué se ha convertido esta cocina también en un sinónimo de tu regreso a Japón?

Noda-san utiliza muchas verduras japonesas y, en realidad, su propuesta no se aleja demasiado de la cocina japonesa, ya que se inspira mucho en el *shojin ryori*. Creo que sus platos se asemejan más al *washoku* (la cocina tradicional japonesa) que otras recetas que hacemos en Japón sin pensar demasiado en ellas. Elabora raviolis con hierbas de montaña o hierbas de primavera y, así, refleja las estaciones. Sus platos me conectan con las estaciones que se suceden en la montaña y en el mar sin salir de Tokio. Además, crear rituales me gusta. Conocí a Noda-san en Roma, hace diez años. Ir a su restaurante se convirtió en una tradición cada vez que visitaba la capital italiana y, ahora que ha abierto su restaurante en Tokio, mantengo la misma tradición en un país distinto.

Eres traductora, además de escritora. Si la cocina japonesa fuera un idioma, ¿cuáles serían sus características?

Es difícil de decir, porque cada vez que viajo a otras regiones de Japón, descubro cosas completamente diferentes. Creo que deberíamos hablar de «cocinas japonesas». Y esto también se refleja en la idea de que no tenemos un idioma, sino muchos dialectos. Podríamos decir que la cocina japonesa es el idioma del agua, ya que este elemento realmente determina muchas cosas en Japón. Ojo, no estoy diciendo que el agua sea mejor aquí, eso es un mito. Es solo que, en términos geográficos, Japón está formado por muchas montañas que nos permiten beneficiarnos de sus aguas, relativamente puras. Y los japoneses a menudo piensan que la calidad del agua determina el resultado final de un plato. Para los japoneses, el agua no es insípida, como a veces se dice en Europa.

Se suele decir que en Tokio se encuentran los platos extranjeros mejor preparados. ¿Cómo se explica eso?

Ahora todo el mundo piensa que Tokio carece de identidad propia, lo que es, por un lado, lamentable. Por el otro, ha permitido que los cocineros y pasteleros se conviertan en pequeñas abejas que van a buscar nuevas cosas y técnicas en todas partes. Y, como no hay una cocina tradicional propia, Tokio se abre a todas las posibilidades, todo se debe poder hacer aquí, todas las excentricidades, todos los inventos... (sin hacer barbaridades, claro). Por eso encontramos cocina italiana vegana con verduras japonesas. Solo en Tokio se encuentran cosas así. No sé si aquí se prepararán o no las mejores pizzas, pero de lo que sí estoy segura es de que en Tokio se encuentran pizzas o platos italianos que no se encuentran en ningún otro lugar.

Tokio es también la ciudad con más estrellas Michelin del mundo, ya sea de chefs japoneses o foráneos. ¿La exigencia culinaria en Tokio es superior a la de otros lugares?

Creo que se explica por muchos factores. Para empezar, por la facilidad logística. En Tokio, todo llega casi de inmediato y en buenas condiciones, especialmente en términos de frescura. Y eso es maravilloso para los cocineros. El pescado, la carne, las verduras, etc.; siempre llegan en un estado impecable, algo que no siempre sucede en todas partes. En Europa, por ejemplo, puede haber problemas de suministro o de rupturas de *stock*, cuando no es el transportista el que falla. Esto es importante y está directamente relacionado con la estructura de la sociedad japonesa. Por otro lado, también creo que muchos cocineros japoneses jóvenes viajaron a Europa (incluida Francia) en las décadas de 1980, 1990 y 2000. Entonces, un chef francés que quiera abrir hoy un restaurante en Tokio tendrá a su disposición una mano de obra muy bien formada y capaz de adaptarse al estilo de la cocina francesa. Para hacer buena cocina no basta con tener un chef genial, se necesita todo un equipo y buenos proveedores. La facilidad para reunir estos dos elementos explica que Japón brille en este campo. Finalmente, también hay que tener en cuenta que Japón sigue siendo una isla muy alejada de todo y que permaneció aislada durante siglos. Los productos que se encuentran aquí son muy diferentes. Yo misma, cuando viajo por el país, encuentro verduras que nunca he comido y mariscos que nunca he probado. ¡Es el paraíso de un cocinero! Siempre hay algo que descubrir o un nuevo producto que trabajar y que combinar para crear algo original.

¿Qué le depara el futuro a la cocina japonesa?

La situación es complicada, como en todas partes; pero creo que hay esperanza. Muchas veces, cuando hablamos de globalización, la vemos como «el mal absoluto» pero también tiene aspectos positivos. Por ejemplo, las generaciones jóvenes, ya sean japonesas o extranjeras, podrían establecer sinergias para llevar a cabo acciones para la preservación de los recursos pesqueros. Antes llevábamos estas luchas por separado, pero ya no tiene por qué seguir siendo así. Lo mismo ocurre con los cocineros: por supuesto, están en competencia constante entre ellos, pero también está surgiendo una especie de solidaridad. Un cocinero de la costa japonesa puede estar en contacto con un colega de la costa francesa. En mi opinión, la concepción tradicional de cocina regional está desfasada; debemos pensar en nuestro mundo de manera global, como un ente en movimiento y compuesto por regiones nacionales conectadas, como una constelación.

Para terminar, si tuvieras que elegir un plato que represente a Tokio, ¿cuál sería?

Sería el *asari gohan*. *Gohan* significa «arroz» y *asari*, «almeja». Es sencillo, solo hay que cocinar el arroz con las almejas en un poco de agua de jengibre. Es un plato familiar que también se puede servir en restaurantes de *kaiseki* [*kaiseki ryori* es una forma tradicional de comida, compuesta por varios platos pequeños que se sirven a la vez]. También es un plato muy tradicional que se remonta al periodo Edo. Creo que todos los tokiotas han comido este plato al menos una vez en su vida. Es una receta típica de primavera. A diferencia de la idea equivocada de que la primavera llega con la aparición de las verduras en los estantes, en Tokio sabemos que el nuevo año comienza con el regreso de las algas wakame y las almejas. Aunque, hoy en día, las *asari* no vienen de la bahía de Tokio, creo que este sigue siendo un plato emblemático de la ciudad. ▃

Dificultad ●○○ | 2 raciones | Preparación: 5 min | Cocción: 10 min

monjayaki

- 500 ml de caldo *dashi katsuobushi* (o 500 ml de agua + 8 g de dashi liofilizado)
- 2 cdas. de salsa Worcestershire (+ 2 cdas. de kétchup si la salsa Worcestershire no es japonesa)
- 200 g (¼) de choudou, en láminas finas
- 50 g de harina panificable (T45 o T55)
- 3-5 vieiras
- 1 cda. de aceite vegetal
- 1 puñado de copos de tempura (*tenkasu*) (opcional)
- 1 cda. de jengibre marinado (opcional)
- 1 cda. de calamar seco (*kiriika*) (opcional)

Preparación

Mezcla el caldo y la salsa. Ajusta la cantidad de salsa en función de tus preferencias.

Una vez hayas ajustado el sabor, añade el resto de los ingredientes, con las vieiras cortadas en cuatro. Remueve bien.

Vierte el aceite en una sartén y fríe primero la parte sólida (verduras y vieiras) de la mezcla.

Una vez hecha esa parte, añade el resto de la mezcla y deja reducir a fuego medio hasta que obtengas una masa homogénea. Sirve caliente.

Acuérdate de despegar y disfrutar lo que se haya pegado en el fondo. ¡Está buenísimo!

curry udon

Ingredientes

- 200 g de carne de cerdo (u otra carne o setas) en láminas finas
- 1 cebolla
- 1 cebolleta o puerro
- 2 raciones de fideos udon
- 900 ml de caldo *dashi katsuobushi*
- 2 cdas. de curri en polvo
- 4 cdas. de fécula de patata (que disolverás en 4 cdas. de agua)
- 30 ml de sake
- 20 ml de mirin
- 50 ml de salsa de soja
- 1 cda. de aceite vegetal

Preparación

Prepara el caldo dashi si es necesario.

En una cazuela, añade el aceite, saltea la carne y luego agrega la cebolla cortada en láminas finas. Prolonga la cocción y añade el curri en polvo. Mantén al fuego durante 2-3 min.

Agrega el sake y el mirin. Prolonga la cocción durante 1-2 min.

Añade el caldo dashi y espera a que rompa a hervir.

Corta la cebolleta en rodajas al bies de modo que todas sean del mismo tamaño y grosor.

Cuando el caldo esté muy caliente, añade las rodajas de cebolleta y, al final de la cocción, la salsa de soja.

En otra cazuela, cuece los fideos udon según las instrucciones del fabricante.

Disuelve la fécula de patata en agua y añade la mezcla a la sopa, para que adquiera una textura sedosa. Remueve un poco y apaga el fuego.

Deposita los fideos udon en un bol, cúbrelos de la sopa de dashi y disfrútalos calientes.

tamago sando

3 huevos
½ pepino *baby*
4 rebanadas de pan de molde
1-2 cdas. de mayonesa
1 pizca de sal
Mantequilla

Preparación

Cuece los huevos (9-10 min). Espera a que se enfríen y pélalos.

Deposita los huevos en un bol y desmenúzalos con ayuda de un cuchillo de mesa o el dorso de un tenedor.

Añade la mayonesa y la sal. Mezcla bien.

Lava y corta el pepino en rodajas finas al bies.

Unta de mantequilla las rebanadas de pan de molde. Dispón encima las rodajas de pepino y la mezcla de huevo duro con mayonesa. Cierra los bocadillos.

Superpón dos bocadillos. Retira la corteza y, luego, córtalos en triángulos (o por la mitad, como en el dibujo de la página siguiente).

Bento, o el arte japonés de las fiambreras

Estas fiambreras se han convertido en uno de los emblemas del archipiélago nipón. Su origen se remonta al siglo v y revela mucho acerca de la sociedad japonesa.

Arroz, verduras, una pizca de carne o pescado, tofu, vegetales marinados… todo ello perfectamente dispuesto en una pequeña caja hermética fácil de transportar. Los *bentos*, estas comidas japonesas individuales, son omnipresentes y ocupan desde estantes de supermercados a *feeds* de Instagram. Con su calidad nutricional, su presentación meticulosa y un diseño que a veces reproduce a los personajes más *kawaii*[1] de la cultura popular japonesa, poseen todos los ingredientes del éxito.

Para entender el origen de esta comida tan singular, hemos de retroceder en el tiempo y alejarnos de las impecables publicaciones de Instagram y de las fiambreras de plástico hasta llegar al siglo v. En ese momento, los *bentos* se parecían más a una bola de arroz similar a un *onigiri*. Sin embargo, ese fue el comienzo de la historia y se habla de ellos en el *Kojiki*, la «crónica de los hechos antiguos», un compendio de mitos fundacionales del archipiélago. Data de 712 y es el texto en japonés más antiguo. En él, se describe un plato de arroz que se funde en la boca. La imagen de lo que hoy conocemos como *bento* comenzó a cobrar forma durante la época feudal, cuando a la ración de arroz se le agregaron alimentos salados que tenían un propósito específico: revitalizar a los combatientes. Sin embargo, el término *bento* no aparece con su ortografía actual (弁当) hasta finales del periodo Sengoku (1477-1573). Oda Nobunaga, líder militar y fundador del Estado japonés junto con Toyotomi Hideyoshi y Tokugawa Ieyasu, servía comidas completas y sustanciosas, compuestas por una sutil mezcla de arroz, productos cárnicos y legumbres, a los obreros que construían su castillo. Durante el periodo Edo (1603-1867), los *bentos* se popularizaron y dejaron de ser exclusivos de obreros o de trabajadores manuales, de modo que llegaron a las manos de la mayoría de los japoneses, desde asalariados escasos de tiempo hasta niños glotones.

ENSÉÑAME TU BENTO Y TE DIRÉ QUIÉN ERES

Estas pequeñas cajas *gourmet* esconden toda una simbología que permite medir el

---

1 «Adorable» en japonés.

estatus social de la familia que las ha preparado. A principios del siglo XX, las desigualdades sociales se agudizaron y, en 1918, estallaron los «disturbios del arroz» debido a un aumento repentino en el precio del cereal. La composición de los *bentos* que las madres preparaban para el almuerzo de sus hijos era un reflejo de esa desigualdad social. Para remediarlo, los comedores escolares llegaron a Japón a partir de mediados de la década de 1950. ¡Adiós a los *bentos*! El menú era único e idéntico para todos. Habría que esperar hasta la década de 1980, los años de auge del consumo, para que el *bento* recuperara su popularidad, especialmente a través de los *kyaraben*, o *bentos* que reproducen meticulosamente los personajes más destacados de la cultura popular japonesa, como Doraemon o Hello Kitty.

> El ekiben es el bento inevitable de todo viaje en tren. Además de alimento, ofrece otra manera de descubrir las culturas culinarias regionales.

Una estrategia infalible para hacer que los niños coman toda una variedad de alimentos que rechazarían categóricamente de no haber sido transformados en la vestimenta o el accesorio de su héroe favorito. El *bento* también representa la cúspide del *ofukuro no aji*, o el sabor de la cocina materna, porque son principalmente, si no exclusivamente, las mujeres, ya sean esposas o madres, quienes se encargan de preparar los *bentos*. Su preparación lleva tiempo y puede ser fuente de competencia entre las mujeres, que han de saber cómo satisfacer a sus esposos, mimar a sus hijos y estar a la altura de los *bentos* de las demás. Por lo tanto, el *bento* revela mucho más de lo que aparenta sobre el lugar de las mujeres en la sociedad japonesa.

EL EKIBEN, O EL ARTE DE COMER EN EL TREN

En cuanto salen de las cuatro paredes de casa, los *bentos* se convierten en un medio excelente para descubrir las diversas culturas culinarias japonesas. Aunque en Japón está mal visto

picar en el metro o en la calle, existe un ritual casi inevitable cuando se viaja a largas distancias: el *ekiben,* una contracción de *eki uri bento,* que significa «comida en la estación», es un *bento* delicioso que suele contener especialidades culinarias de la ciudad o prefectura donde comienza el viaje. Aunque la mayoría de los *ekiben* se sirven fríos, algunas prefecturas innovan y ofrecen ingeniosos sistemas que permiten disfrutar de un almuerzo o cena caliente. Esto es lo que sucede en la prefectura de Miyagi con su *bento* Tan To: se tira de una cuerda que activa una reacción química en una pequeña bolsa debajo del plato y, cinco minutos después, la comida está caliente y lista para ser degustada.

Los *ekiben* nacen a fines del siglo XIX, con la aparición del ferrocarril en el archipiélago. Los vendedores corrían por los andenes con sus cajas de madera para que los primeros viajeros del tren pudieran comer durante su viaje. Ahora, las ventas se realizan en quioscos especializados en estos *bentos* de viaje, instalados directamente en los andenes de las líneas más transitadas. Quienes deseen probar las delicias de las prefecturas que no visitarán durante su viaje deben recordar este nombre: Ekibenya Matsuri, una tienda en el primer piso de la estación de Tokio que ofrece 170 tipos de *ekiben* de distintas regiones del país. ▪

DATO RÁPIDO

A CADA *BENTO*, SU NOMBRE

• *Aisai bento*: el *bento* «del amor», que las esposas preparan a sus maridos; a veces, los alimentos están cortados en forma de corazón o contienen caracteres trazados con algas secas que transmiten un mensaje cariñoso…

• *Hinomaru bento*: el *bento* que recuerda a la bandera japonesa. Es muy simple: una cama de arroz con un *umeboshi* (una ciruela salada de color rojo) en el centro.

• *Koraku bento*: este *bento* está diseñado para ser disfrutado en grupo, sobre todo durante la temporada de Hanami, cuando es tradición que los japoneses hagan picnics bajo los cerezos en flor en primavera. Por lo tanto, tienen una mayor capacidad que sus homólogos diarios.

• *Kyaraben bento*: este *bento* contiene una amplia variedad de alimentos y reproduce personajes, especialmente manga, para hacer que los niños toleren ciertas variedades de verduras.

• *Makunouchi bento*: este *bento*, que se puede traducir como «el *bento* del cierre del telón», se disfrutaba originalmente en los teatros de kabuki o de teatro no, durante el intermedio, cuando las obras eran particularmente largas. Su existencia se remonta al periodo Edo (1603-1867).

• *Shikaeshi bento*: es el «*bento* de la venganza». Su intención, o al menos la de quien lo haya preparado, es bastante clara: transmitir un mensaje. En su interior hallamos arroz mal cocido, huevos crudos o, aquí también, palabras formadas con algas o kétchup, pero esta vez con el ánimo contrario a las del *aisai bento*.

• *Shokado bento*: este *bento* se sirve sobre todo durante las celebraciones de fin de año. Contiene alubias negras, boniato, condimentos marinos y gambas cocidas.

# KANSAI

Osaka, el paraíso de la comida callejera ———— 79

Los *kissaten*, o la cultura de las cafeterías *made in Japan* ———— 90

***Shojin ryori*, la cocina de los templos budistas** ———— 101

Imprescindible: el mercado de Nishiki en Kioto ———— 116

Los *wagashi*, delicias japonesas ———— 130

Osaka, el paraíso de la comida callejera

La capital de la región de Kansai es conocida por los platillos que se pueden disfrutar rápidamente en cualquier momento del día o de la noche. Pasemos revista a los imprescindibles en un recorrido culinario por la ciudad que, hace algunos siglos, fue llamada «el granero de la nación».

Son solo las once de la mañana y Nori ya se afana frente a la multitud de pequeños moldes semiesféricos que tiene frente a él. Sus movimientos son precisos y mecánicos y se suceden a la velocidad del rayo: engrasar los moldes uno a uno, llenarlos con masa y agregar pulpo troceado; dejar que se doren y, con un movimiento perfectamente controlado, voltearlos para continuar la cocción de manera uniforme. Esta hipnótica coreografía le lleva solo unos segundos, sin contratiempos. Luego, los coloca en una bandeja para los glotones que no se han perdido ni un detalle de la preparación y los cubre de salsa, mayonesa y bonito seco.

«Ya hace casi cuatro años que me paso el día haciendo *takoyakis*. Al principio me resultaba difícil, porque si voy demasiado rápido todo puede acabar por el suelo, pero si voy demasiado despacio, la masa se pega», cuenta el joven de veintisiete años durante un merecido descanso. «Los *takoyakis* son la comida callejera de Osaka por excelencia. Se pueden comer donde sea y cuando sea y, a diferencia de lo que sucede en Tokio, ¡uno puede estar seguro de que estarán deliciosos!», lanza con una sonrisa la pequeña puya hacia la capital japonesa que, según él, mira con cierto desdén a esta gran metrópoli de la región de Kansai. Es cierto que se lee en todas partes que Osaka, la tercera ciudad más poblada de Japón, es un mundo aparte. Hay quien dice que las conductas son menos educadas y los habitantes, descorteses. Es

«Los takoyakis son la comida callejera de Osaka por excelencia. Se pueden comer donde sea y cuando sea y, a diferencia de lo que sucede en Tokio, ¡uno puede estar seguro de que estarán deliciosos!»

«En Osaka, no hay hora para comer», afirma Souhonten-san, cocinero especializado en kushikatsu.

una ciudad más ruidosa, incluso tumultuosa. «No sé si somos más de esto o menos de aquello, pero lo que sí sé a ciencia cierta es que no me pienso ir de aquí; amo esta ciudad y, sobre todo, amo su cocina. En ningún otro lugar del archipiélago japonés se come igual que en Osaka», afirma un convencido Nori con contundencia.

«OSAKA NO KUIDAORE»

El vínculo de la ciudad con la comida resulta incuestionable. Durante el período Edo (1603-1867), Osaka se ganó el apodo de *tenka no daidokoro*, o «el granero de la nación», y lo cierto es que la ciudad desempeña un papel crucial en el comercio del arroz. Osaka prospera, los comerciantes se concentran, el dinero no falta y, en los restaurantes, las habilidosas manos de los chefs producen especialidades. Hay un elocuente dicho que afirma «Osaka no kuidaore», que significa que «en Osaka uno come hasta endeudar».

Pero ¿qué tiene de especial la comida allí? Antes de entrar en detalle, nos tenemos que ambientar. El viaje culinario comienza en Dotonbori, una amplia calle paralela a un canal. Es un lugar especial, donde las papilas gustativas, los oídos y los ojos han de hacer horas extra. A lo largo del día, la música se mezcla con los gritos de los comerciantes que intentan atraer a los curiosos *gourmets* a sus mesas o puestos. Pero, sobre todo, Dotonbori es conocido por las gigantescas decoraciones culinarias que adornan los restaurantes. Uno levanta la cabeza y descubre un inmenso centollo con patas animadas, una mano que sostiene un gigantesco sushi o incluso gyozas gigantes, bien dispuestas en un plato. Dotonbori es sobre todo el reino de los *takoyakis*, esas pequeñas bolas de masa en las que se esconden trozos de pulpo. Se disfrutan bien calientes, con virutas de bonito que danzan en la superficie por efecto del calor. Para que nos entendamos: es imposible avanzar tres metros

DATO RÁPIDO

Tanto los fideos instantáneos como los bares de sushi nacieron en Osaka.

> Es imprescindible entrar en los diminutos restaurantes cuyo interior apenas se vislumbra.

sin toparse con un puesto. El pulpo, que también se presenta en una multitud de recuerdos y *souvenirs* a lo largo de la calle, es la gran estrella de la ciudad.

LA PASIÓN POR LA PARRILLA

Otra de las especialidades de Osaka es el *okonomiyaki*, una especie de torta salada cuya masa se prepara con col finamente picada, huevos, harina y un toque de caldo dashi. Luego, se le agrega lo que se desee: cerdo, pulpo, gambas, algas o cebolleta. Una vez hecho a la parrilla, se cubre con salsa, mayonesa y, una vez más, bonito seco. En Kansai, se disfruta con *tororo*, una especie de ñame japonés que le da una textura más pegajosa. A pocos kilómetros de allí, en Hiroshima, se elabora de otra manera: los ingredientes no se mezclan entre sí, sino que se cocinan por separado. En cualquier caso, y se compre donde se compre, esta contundente torta se disfruta en el mostrador, frente a los cocineros trabajando.

Los *ikayaki* son otra especialidad a la parrilla. En el resto de Japón, son brochetas de calamar a la parrilla bañadas en salsa de soja que se disfrutan sobre la marcha. Sin embargo, Osaka inventó su propia variante. Aquí, envuelven el calamar en una crep esponjosa y cocida en una plancha de hierro, como un gofre, y que una vez cocinada se cubre con salsa Worcestershire, de sabor agridulce y ligeramente picante.

SALIR DE LAS GRANDES AVENIDAS

La calle Dotonbori no es el único lugar donde degustar platos típicos de Osaka. También hay que visitar el barrio de Shinsekai, donde se alza la torre Tsutenkaku, un emblema de la ciudad. A sus pies bullen multitud de pequeños restaurantes. Hasta septiembre de 2020, uno de ellos era el famoso restaurante Zuboraya, especializado en *fugu*, el pez japonés que, si se corta mal, nos puede costar la vida. Su cierre supuso la desaparición de otro emblema del barrio: el enorme *fugu* de 5 metros de largo y 3 metros de alto y ancho suspendido sobre la entrada fue desmantelado.

En estas callejuelas, es imprescindible entrar en los diminutos restaurantes cuyo interior apenas se vislumbra, como sucede con el de Souhonten-san, un cocinero que prepara *kushikatsu*, o brochetas empanadas, en un espacio que solo alberga una barra y una docena de taburetes como máximo. ¿Su especialidad? Una brocheta de carne de buey empanada con hierbas frescas que disfrutar

bien caliente después de sumergirla en la salsa. Las variaciones de *kushikatsu* son infinitas: cerdo, camarones... Y, por supuesto, hay versiones vegetarianas, ya que el boniato, los espárragos, las raíces de loto o incluso la calabaza son bases excelentes para deliciosos *kushikatsu*. «El éxito radica en la calidad del empanado. Hay que prepararlo a diario con esmero y el aceite se cambia varias veces al día para evitar que el sabor de los ingredientes se pierda», explica Souhonten-san, al mando de la cocina desde hace treinta años. «Hay que estar a la altura porque el *kushikatsu* se inventó aquí, en el barrio, a finales de la década de 1920.»

Cuando se le pregunta si conoce algún lugar para visitar y descubrir otro aspecto culinario de la ciudad, no duda en señalar el mercado de Kuromon Ichiba, un lugar muy popular por sus llegadas diarias de pescado fresco. «Hay que madrugar mucho, porque se llena rápido. Pero allí se encuentran cosas muy buenas para cocinar. Además, muchos puestos ofrecen degustaciones de sus productos, e incluso los cocinan», agrega el cocinero. «Las ocho de la mañana quizás sea muy pronto para comer pescado para ti, ¡pero en Osaka no hay hora para comer!»

TAIKO MANJU, UN DULCE ENTREMÉS

Muchos de los platos más emblemáticos de Osaka son salados, pero también hay que mencionar platos dulces como el *taiko manju* o el *imagawayaki*, una variante más espesa del *taiyaki*. Este esponjoso pastel está relleno de pasta de *azuki* (alubias rojas), pero también se puede encontrar relleno de crema. Este dulce para comer al momento surgió en Osaka en el siglo XVIII.

okonomiyaki

- 3 lonchas finas de panceta de cerdo (o 3 gambas, o cualquier carne de tu elección)
- 2 huevos
- 300 g de col blanca
- 50 g de cebolleta
- 100 g de harina
- 180 ml de caldo *dashi katsuobushi* (o 180 ml de agua + 3 g del dashi liofilizado de tu elección)
- 2 cdas. de aceite de cocina
- 2 cdas. de salsa *okonomiyaki*
- Mayonesa (opcional)
- Jengibre marinado (opcional)
- Bonito seco en copos (opcional)

Preparación

Mezcla la harina, el caldo dashi y los huevos y remueve hasta que obtengas una masa homogénea.

Pica finamente la col y la parte verde de la cebolleta.

Mezcla las dos preparaciones anteriores.

Vuelca la mezcla en una sartén con aceite muy caliente y extiéndela de modo que forme una especie de crep gruesa. Cuece a fuego medio sin apretar la parte superior, para que el *okonomiyaki* se mantenga tierno.

Una vez se haya hecho por una cara, deposita los ingredientes que hayas elegido (panceta, gambas, etc.) sobre la crep.

Dale la vuelta.

Una vez se haya dorado por las dos caras, deposita la crep en un plato. Reparte la salsa, la mayonesa y el jengibre por encima y esparce los copos de bonito. Corta la crep en ocho cuñas y sírvela caliente.

takoyaki

Dificultad ●○○ · Salen 16 *takoyakis* (2 raciones) · Preparación: 10 min · Cocción: 6 min

(Adapta en función de tu plancha para takoyakis*)*

- 50-60 g de pulpo cocido (o 4 gambas o vieiras)
- 1 huevo
- 90 g de harina
- 50 g de cebolleta
- 330 ml de caldo *dashi katsuobushi* (o 330 ml de agua + 5 g del dashi liofilizado de tu elección)
- ½ cdta. de salsa de soja
- 1 pizca de sal
- 2 cdas. de aceite de cocina
- 2 cdas. de salsa *okonomiyaki*
- Mayonesa (opcional)
- Jengibre marinado (opcional)
- Bonito seco en copos (opcional)

Preparación

Mezcla la harina, el huevo, el caldo dashi, la sal y la salsa de soja hasta que obtengas una masa algo líquida.

Corta el pulpo en trocitos de aproximadamente 1 cm.

Pica finamente la cebolleta y el jengibre marinado.

Aceita con papel absorbente todos los alvéolos de la plancha para *takoyakis* y caliéntala a fuego medio.

① Cubre de masa todos los alvéolos.

② Pon un trocito de pulpo en cada alvéolo y esparce el jengibre y la cebolleta por encima. Cuece durante 2-3 min.

③ Una vez se hayan dorado por un lado, da la vuelta a las bolas una a una haciéndolas rodar sobre sí mismas con ayuda de un mondadientes o de un palillo fino.

Una vez estén hechos del todo, sirve los *takoyakis* con la salsa y la mayonesa y con copos de bonito esparcidos por encima.

レシピブック   Dificultad ●○○   Salen 8 brochetas (2 raciones)   Preparación: 10 min
Cocción: 10 min

kushikatsu

Sugerencias de ingredientes para freír (elige 4)

- 2 setas shiitake enteras
- 2 rodajas de raíz de loto (*renkon*) de aproximadamente 1 cm de grosor
- 2 ocras enteras (quingombó) (sin el pedúnculo)
- 2 espárragos verdes enteros (sin los pies)
- 6 huevos de codorniz duros (cocidos durante 4 min y pelados)
- 2 trozos de 50 g de la carne de tu elección, cortados en trozos del tamaño de un bocado
- 1 rodaja de cebolla cortada por la mitad
- 2 trozos de camembert (⅛ del queso cada uno)

Salsa para untar el *kushikatsu*

- 5 cdas. de salsa *tonkatsu* (u *okonomiyaki*)
- 1 cda. de kétchup
- 100 ml de sake
- 1 cdta. de azúcar

Mezcla de huevo

- 1 huevo
- 100 g de harina panificable T45
- 100 ml de leche (o de agua)
- 100 g de pan rallado fino sin tostar
- 200-400 ml de aceite para freír

Preparación

Salsa

Deposita todos los ingredientes de la salsa en un cazo y remueve bien. Calienta hasta que rompa a hervir y, entonces, deja que se enfríe.

Mezcla de huevo

Mezcla la harina y la leche (o el agua) en un bol. Añade el huevo y remueve otra vez.

Ensarta los ingredientes que hayas elegido en brochetas finas de bambú. Si has elegido carne, insértala con media rodaja de cebolla, para evitar que se caiga o se doble sobre la brocheta.

Reboza las brochetas en la mezcla de huevo y luego en el pan rallado.

Vierte el aceite en el fondo de una sartén y fríe las brochetas a 200 °C (t. 6-7).

Una vez se hayan dorado del todo, sácalas del aceite y déjalas reposar sobre un colador para fritos.

Sírvelas con la salsa.

Los *kissaten*, o la cultura de las cafeterías *made in Japan*

Estas cafeterías, cuyas cartas tomaron prestados sus cafés y sus platos de la cultura occidental, tuvieron un éxito enorme, sobre todo durante la posguerra. Aunque decayeron por la crisis económica, últimamente han recuperado cierta popularidad entre las generaciones más jóvenes.

Revestimientos de madera por doquier, cómodos sofás de piel sintética, tazas de porcelana colgadas detrás del mostrador, pequeñas flores de plástico y una atmósfera suave y animada por jazz o música clásica: no hay duda, estamos en un *kissaten*. *Ki-ssa-ten*, tres sílabas, tres kanji (喫茶店), que nos transportan en el tiempo. El del magnífico periodo Shōwa (1926-1989), una era de alto crecimiento que hoy parece un recuerdo lejano. Entrar en un *kissaten* es regresar a mediados del siglo XX, a espacios que no han cambiado ni un ápice. Pero ¿qué es exactamente un *kissaten*? La etimología del término nos da algunas pistas. Si leemos uno por uno los caracteres que lo componen, obtenemos: consumir (喫), té (茶) y tienda (店). Por lo tanto, un *kissaten* sería un salón de té. Sin embargo, estos establecimientos deben su éxito a una bebida distinta: el café.

Retrocedamos en el tiempo para entenderlo. Los primeros granos de café llegaron a Japón a través de los misioneros portugueses a partir del siglo XVI y, a finales del siglo XIX, esta bebida ya ocupaba un lugar destacado en la vida diaria de los japoneses. El archipiélago había empezado a abrir sus fronteras al mundo durante el periodo Meiji (1868-1912) y los comerciantes de café brasileños, que multiplicaron sus estancias en el archipiélago, fundaron con ayuda de su gobierno la primera cadena de cafeterías del mundo, entre ellas el Café Paulista en Japón en 1900.

UN ÉXITO INDISCUTIBLE

¿Qué tienen que ver los *kissaten* con todo esto? El primero abrió en 1888, en el barrio de Taito, al noreste de Tokio. Todos estaban obligados a servir té, la sacrosanta bebida japonesa, y pasteles o platos ligeros. Sin embargo, las papilas gustativas japonesas más aguerridas quisieron probar esta bebida negra venida del extran-

En 1981, en pleno milagro económico japonés, había más de 150 000 kissaten en el país.

jero. Servido a veces con filtro de tela y a veces con sifón bajo los gestos precisos y milimetrados de los dueños, el café impulsó el éxito de estos establecimientos. Un éxito que la Segunda Guerra Mundial interrumpió con la suspensión de las exportaciones de café: hubo que esperar a la posguerra para que los *kissaten* recuperaran a una clientela cada vez más numerosa.

Ningún barrio de las ciudades japonesas se les resistía. Y con razón, los *kissaten*, o al menos sus propietarios, sabían adaptarse. ¿Que había una universidad en los alrededores? El *kissaten* propiciaba el estudio. ¿Que estaba rodeado de tiendas elegantes? Su decoración también lo era, para atraer a los amantes de las compras. Estos lugares también eran el punto de encuentro de vecinos o de amas de casa que venían a hojear el periódico o a compartir un almuerzo. El *kissaten* también podía ser político: al comienzo de las revueltas de la década de 1960, acogió a estudiantes, librepensadores, reformadores antisistema y antibelicistas. Fue un éxito: en 1981, en pleno milagro económico japonés, había más de 150 000 *kissaten* en el país. A pesar de que la mayoría de los *kissaten* no resistieron la explosión de la burbuja especulativa de los años 1985-1991 ni la recesión resultante, algunos de ellos mantienen las puertas abiertas y con exactamente la misma organización, la misma decoración, el mismo menú y, a menudo, el mismo propietario que en la década de 1980.

SABORES EXTRANJEROS

Sobre las mesas de madera de los *kissaten* hay cafés, pero también toda una variedad de platos característicos de estos establecimientos, que sirven recetas de cocina *yoshoku*, de inspiración occidental pero adaptada a los gustos japoneses y cuyos orígenes se remontan al comienzo del periodo Meiji, cuando los occidentales y su estilo de vida cruzaron las fronteras del archipiélago. Por ejemplo, el famoso *morning service*, compuesto por tostadas, huevos, beicon y café solo, que por la mañana devoran asalariados apresurados o estudiantes que desean picar algo antes de regresar a la universidad. También está la famosa *omurice*, contracción de *omelette* (tortilla) y *rice* (arroz), una tortilla con arroz frito parcialmente cubierta de kétchup. Otro ejemplo de *yoshoku* son los *naporitan*, fideos muy blandos aliñados con aceite, jamón, cebolla y kétchup. Se trata de un legado estadounidense, ya que después de la guerra, Estados Unidos descargó en Japón su excedente de trigo y

llevó espaguetis, hamburguesas, pizzas y pan a los platos japoneses. Los *kissaten* también son conocidos por sus postres, que tanto pueden ser clásicos, como el *purin*, unas natillas con caramelo que se sirven en copas altas de aluminio, como golosinas que rozan lo *kitsch*, como el *cream soda*, unas verdaderas bombas de azúcar: un gran vaso de refresco, generalmente con sabor a melón, de un color azul lago (un lago muy artificial) sobre el que flota una bola de helado de vainilla. Tampoco podemos pasar por alto el *kakigori*, un postre a base de hielo rallado cubierto con sirope de té verde, sésamo o frutas y que se convierte rápidamente en una maraña de jarabe, leche condensada, *azuki* (alubias rojas japonesas) o incluso pequeños *mochi* que dotan a este postre de una altura considerable.

LA NOSTALGIA POR LO RETRO

Las décadas de 1990 y 2000 afectaron a los *kissaten*, porque los japoneses comenzaron a preferir otras cadenas de cafeterías japonesas, como Doutor y Tully's, o incluso la estadounidense Starbucks. Hubo dueños que cerraron por falta de sucesores o de ingresos suficientes, aunque ahora varios de estos establecimientos empiezan a renacer. Quizás, sea porque la nostalgia por el célebre periodo Showa se hace notar en un momento en que las perspectivas de crecimiento son bajas y la sociedad se vuelve más precaria. Cada vez son más los jóvenes japoneses que entran en estos cafés pasados de moda, fascinados por un universo *kitsch* donde el tiempo parece haberse detenido. Fotografías de *cream soda*, *naporitan* e incluso teléfonos fijos de color rosa chicle inundan las redes sociales e Instagram, acompañadas de *hashtags* elocuentes como #retrocool o #showanostalgia. La tendencia crece y no es raro que nuevos cafés al estilo *kissaten* abran sus puertas. Sus propietarios tienen alrededor de treinta años y las paredes son completamente nuevas, pero la decoración y el menú imitan hasta el último detalle de sus predecesores. Los *kissaten* aún no han dicho su última palabra. ▬

TRES DIRECCIONES IMPRESCINDIBLES

• **OTAFUKU COFFEE**
Este *kissaten* late en el corazón del centro comercial de Teramachi, en el centro de Kioto, encajado entre una tienda de lencería y una agencia inmobiliaria. Al bajar unos escalones, la atmósfera se oscurece y aparecen Noda-san y sus clientes habituales, a quienes sirve como nadie un café filtrado imprescindible.
B1F, 609 Teianmaenocho, Shimogyo Ward, Kyoto, 600-8031, Japón

• **KAYABA COFFEE**
Este edificio de madera del barrio de Yanaka albergó un *kissaten* entre 1938 y 2006, el año en que falleció su propietario. Una asociación local sin ánimo de lucro lo salvó de la destrucción y, junto a los propietarios de la galería vecina, logró que reabriera sus puertas. La cafetería conserva intactos el letrero y la fachada originales
6 Chome-1-29 Yanaka, Taito City, Tokio 110-0001, Japón

• **HIRAOKA COFFEE**
Entrar en este *kissaten* es como entrar en la historia japonesa. ¡Hiraoka es, de hecho, el primer *kissaten* que se abrió en Osaka! Aquí, el menú se concentra en pocos platos, en su mayoría rosquillas preparadas a mano todos los días por el propietario. Y, como acompañamiento, una amplia selección de cafés.
3 Chome-6-11 Kawaramachi, Chuo Ward, Osaka, 541-0048, Japón

naporitan

Dificultad ●○○ — 2 raciones — Preparación: 5 min — Cocción: 10 min

200 g de espaguetis

½ cebolla

2 pimientos verdes pequeños (o 1 grande)

1 salchicha de cerdo de 50-80 g (o 100 g de champiñones)

2-3 cdas. de kétchup

2 cdas. de vino tinto

1 cda. de aceite vegetal

1 pizca de sal y pimienta

Parmesano rallado (opcional)

Tabasco (opcional)

Preparación

Cuece los espaguetis siguiendo las instrucciones del fabricante.

Lamina la cebolla y los pimientos y corta la salchicha en rodajas.

En una sartén, calienta el aceite y sofríe la cebolla, el pimiento y la salchicha a fuego medio. Salpimienta.

Aparta los ingredientes para dejar espacio en la parte anterior de la sartén. Añade el kétchup y espésalo al fuego. Desglasa con vino tinto.

Mezcla bien todo el contenido de la sartén.

Añade los espaguetis cocidos y remueve.

Añade parmesano rallado y tabasco al gusto. Sirve caliente.

レシピブック　　Dificultad ●●○　　2 raciones　　Preparación: 50 min
Cocción: 40 min

omurice

- 200 g de muslo de pollo
- 4 huevos
- 330 g de arroz redondo cocido
- ½ cebolla
- ½ zanahoria
- 2-3 champiñones
- ½ cda. de mantequilla
- 1-2 cdas. de kétchup
- 1 cda. de vino blanco
- 1 pizca de sal y pimienta

Preparación

Arroz con pollo

Pica groseramente la cebolla y la zanahoria, y corta los champiñones en láminas finas y el pollo, en dados de 1 cm de lado.

Funde un poco de mantequilla en una sartén. Saltea la cebolla, la zanahoria y las setas a fuego medio. Salpimienta. Añade el pollo.

Cuando el pollo se haya hecho, añade el vino blanco.

Añade el arroz y el kétchup y sigue salteando. Remueve con cuidado para no romper los granos de arroz.

Sírvelo en un plato y dale forma de óvalo.

Tortilla

Bate los huevos para preparar la tortilla. Funde el resto de mantequilla en una sartén a fuego medio. Añade los huevos batidos y remueve con suavidad. Cuando los huevos empiecen a cuajar, enrolla la tortilla sin apretar, para que el centro quede jugoso. Forma un óvalo y deposítalo con cuidado sobre el arroz.

Haz una incisión longitudinal en el centro de la tortilla, para abrirla. Si te apetece, añade un poco de kétchup. Sirve caliente.

Dificultad ●●○ | 4 raciones | Preparación: 15 min
Cocción: 1 h

arroz con curri

300 g de contramuslo de pollo o de carne de cerdo (o champiñones)

660 g de arroz redondo cocido

3 cebollas

2 zanahorias

2 patatas

1 tomate

1 cda. de jengibre rallado

1 cda. de ajo rallado

1 hoja de laurel

750 ml de agua

1 yogur

1 cda. de salsa Worcestershire

1 cda. de azúcar moreno o de miel

2 cdas. de aceite vegetal

Salsa *roux* al curri

3 cdas. de mantequilla

3 cdas. de harina

2 cdas. de curri en polvo

1 pizca de sal y pimienta

4 huevos duros (opcionales)

Preparación

Corta la carne en dados del tamaño de un bocado. Salpimienta. Añade 1 cdta. de curri en polvo. Mezcla bien y deja marinar.

Corta las cebollas en rodajas finas y las patatas, las zanahorias y el tomate en dados.

Calienta el aceite a fuego bajo en una sartén honda. Pocha la cebolla hasta que se dore.

Añade el ajo y el jengibre rallados. Mantén al fuego. Añade la zanahoria, la patata y la carne. Prolonga la cocción unos 20 min, hasta que todos los ingredientes estén tiernos.

Una vez se hayan hecho todos los ingredientes, añade el tomate en dados, el agua, la hoja de laurel, la salsa Worcestershire y el yogur. Mantén a fuego bajo durante 30-40 min y espuma si es necesario.

Salsa *roux* al curri

En la sartén, calienta la mantequilla y luego la harina, sin dejar de remover para que nada se pegue. Cuando hayas obtenido una masa homogénea y esta empiece a adquirir color, añade el curri en polvo. Apaga el fuego y remueve con energía.

Añade el *roux* al curri a la preparación anterior poco a poco. Dilúyela bien. Añade el azúcar, la sal y la pimienta. Sirve el curri caliente con el arroz. Si quieres, puedes añadir un huevo por persona.

Shojin ryori, la cocina de los templos budistas

Utilizar ingredientes frescos, locales y de temporada… Los valores de la cocina *shojin* están en completa sintonía con el momento actual. Sin embargo, esta cocina, que hunde sus raíces en la tradición budista zen, corre peligro de extinción.

«Aunque algunos platos shojin todavía se sirven en templos y restaurantes, la mayoría son turísticos y la espiritualidad del shojin se ha desvanecido», dice Toshio Tanahashi.

«La cocina *shojin* es rara en el mundo, pero tiene un valor universal, porque responde a la necesidad imperiosa de proteger la salud y el medio ambiente, además de honrar la sostenibilidad y la conciencia plena.» El chef Toshio Tanahashi, un experto en la materia, no escatima elogios cuando habla de la *shojin ryori*, literalmente «cocina de devoción», derivada de la tradición budista zen.

Y es que los principios que la rigen resuenan de un modo especial con las preocupaciones actuales: dar prioridad a los productos locales y de temporada, evitar al máximo el desperdicio utilizando todas las partes de las verduras, incluidas las menos valoradas, como ingredientes para caldo o decorativos, y realzar los sabores, formas, texturas y colores de los alimentos transformándolos lo menos posible.

Esta cocina local y reflexiva hunde sus raíces en los preceptos de la religión budista, originaria de China, que llegó a Japón a partir del siglo v. Sin embargo, fue en 1237 cuando se empezó a codificar más, sobre todo gracias al *Tenzo Kyokun* (*Instrucciones para el cocinero*), obra de Dogen Zenji, uno de los grandes pensadores del Japón medieval y teórico del budismo zen.

DAR VALOR A PRODUCTOS Y SABORES

Tres platos vegetarianos acompañados de un bol de arroz y caldo. Aunque, a veces, se dice que la cocina *shojin* es austera, en realidad no hace más que realzar los productos que usa y que, gracias al método de cocción o de preparación, despliegan todos sus sabores. Esta selección de platos da protagonismo a los cereales integrales, las legumbres, las verduras, las algas, las hierbas silvestres y los alimentos secos o fermentados. La cocina *shojin ryori* es completamente vegetariana, incluso se diría que vegana. No hay rastro de productos de origen animal, carne o lácteos. Los alimentos con sabores demasiado fuertes, como el ajo, el puerro o la cebolla, tampoco tienen cabida. Porque la cocina *shojin* es, sobre todo, cuestión de armonía. A lo largo de la comida, se deben suceder los cinco sabores: ácido, amargo, salado, dulce y umami. También se hace hincapié en los cinco colores principales que se destacan al observar cada uno de los pequeños boles y platos en los que se sirven los alimentos: blanco, verde, rojo, amarillo y, finalmente, negro (o los colores oscuros). Este ballet culinario se prepara principalmente en templos, de la mano de monjes budistas zen. La *shojin ryori* se considera una práctica espiritual y meditativa. Sin embargo, desde hace algunos años, unos pocos chefs intentan promover esta cocina más allá de los lugares religiosos. Uno de ellos es Toshio Tanahashi, un ingeniero en economía agrícola que, a los veintisiete años, decidió abandonarlo todo y pasar tres años en Gesshin-ji, un monasterio en la ciudad de Otsu, entre la antigua capital imperial, Kioto, y el lago Biwa. Junto a una monja cocinera, Myodoni Mirase, aprendió las bases de la *shojin ryori* y se empapó de su filosofía. «Durante tres años fui el único hombre en un universo de mujeres. Cada día me levantaba a las cuatro de la mañana y fue así como descubrí la cocina *shojin*. Los dos ideogramas, *shō* (purificar) y *jin* (avanzar), evocan esencialmente el camino del corazón puro hacia la paz y la luz a través de la alimentación», explica. Cuando decidió abandonar el monasterio, abrió en Tokio su propio restaurante, Gesshinkyo. Es un local que se ha vuelto imprescindible y ha llamado la atención sobre la cocina zen. «Me he esforzado para deshacerme de los vínculos religiosos y universalizar la cocina *shojin*, quiero evitar que desaparezca», prosigue.

UNA TRADICIÓN CULINARIA AMENAZADA

Y es que a la cocina *shojin*, vegetariana y compuesta por ingredientes frescos y de temporada, le cuesta cautivar a los japoneses en su vida diaria. «Japón y la cocina japonesa atraen la atención del mundo entero, pero la realidad es que la valiosa cocina *shojin* está a punto de desaparecer», lamenta Toshio Tanahashi. «Aunque algunos platos *shojin* todavía se sirven en templos y restaurantes, la mayoría son turísticos y la espiritualidad del *shojin* se ha desvanecido.»

En 2007, el chef cerró el local de Tokio y se propuso dar a conocer los principios de la *shojin ryori* por todo el mundo. Se convirtió en un chef itinerante y empezó a dar conferencias y a enseñar la relación que hay entre el arte de la cocina y la filosofía en la Universidad de Arte y Diseño de Kioto. Inauguró el Zecoow Culinary Institute, un instituto culinario en Kioto donde forma a las nuevas generaciones en *shojin ryori*. Sin embargo, la mayoría de quienes se inscriben en él son extranjeros. «Mi mejor aprendiz a cocinero *shojin* es un italiano de 28 años. Esto da una idea de cuán alejada está en la actualidad la cocina *shojin* de los japoneses». Sin embargo, Toshio Tanahashi, ahora sexagenario, no ceja en su empeño: «Me esfuerzo para promover la excelencia de la cocina *shojin* y la cultura alimentaria japonesa en el extranjero, con la esperanza de revivirla en Japón». ▄

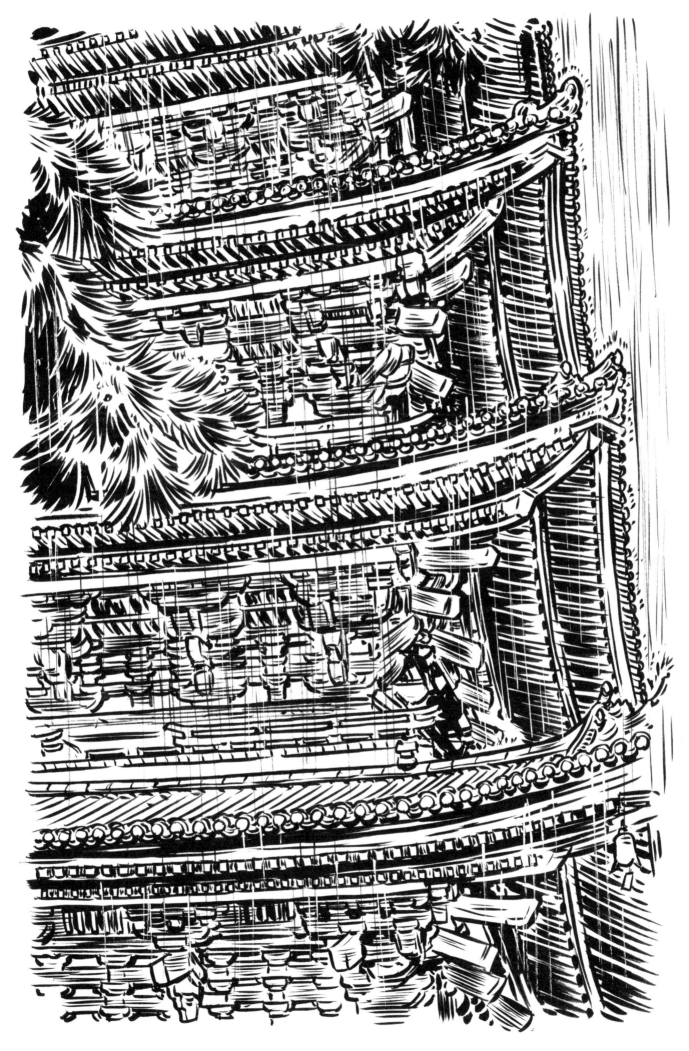

nasu dengaku

1 berenjena grande
3 cdas. de agua
1 cda. de aceite vegetal
1 pizca de sal

Salsa *dengaku miso*

3 cdas. de miso
2 cdas. de azúcar moreno
1 cda. de mirin
1 cda. de sake
1 pizca de dashi en polvo

Condimentos

1 cdta. de jengibre rallado
1 pizca de sésamo blanco
1 pizca de cebolleta
  o de shiso

Preparación

Mezcla en un cazo todos los ingredientes de la salsa *dengaku miso* y cuécelos durante 5 min a fuego bajo. Remueve con frecuencia para evitar que se pegue. Deberías obtener una salsa brillante y untuosa.

Lava la berenjena y córtala longitudinalmente por la mitad. Marca la pulpa con varios cortes de cuchillo para facilitar la cocción.

Calienta en una sartén el agua y la sal, añade el aceite y deposita los trozos de berenjena con la pulpa hacia abajo. Mantenlos a fuego medio-bajo unos 10 min o hasta que se doren y estén tiernos. El tiempo de cocción dependerá del tamaño de la berenjena.

Dales la vuelta, tapa la sartén y prolonga la cocción 5 min.

Sirve la berenjena con la salsa *dengaku miso* y condimenta con el sésamo, el jengibre y el shiso o la cebolleta.

tempura de verduras

Dificultad ●●○

2 raciones
(6-7 piezas por persona)

Preparación: 15 min
Cocción: 10 min

Verduras de temporada

Ejemplos:

2 espárragos verdes

2 setas shiitake frescas enteras

2 hojas de shiso verde

1 berenjena pequeña

2 ocras (quingombó)

¼ de boniato

⅛ de calabaza kabocha

⅛ de raíz de loto (*renkon*)

½ cebolla en rodajas finas

½ zanahoria en juliana

Salsa para tempura (o soba)

350 ml de caldo dashi (si tienes copos de bonito seco, o *katsuobushi*, prepara un caldo dashi *katsuobushi* con 500 ml de agua filtrada y 5 g de *katsuobushi*)

½ cda. de azúcar

1 cda. de mirin

1 ½ cdas. de sake

50 ml de salsa de soja

Sal, matcha o wasabi en polvo (opcional)

Preparación

Salsa para tempura

Si vas a preparar un caldo *dashi katsuobushi*, hierve agua filtrada. Añade los copos de *katsuobushi* al agua hirviendo y cuece a fuego bajo durante 2-3 min. Apaga el fuego y deja infusionar el *katsuobushi* durante 2 min más. Filtra los residuos y reserva 350 ml de caldo.

Calienta el caldo dashi a fuego medio y añade el resto de los ingredientes de la salsa para tempura. Apaga el fuego en cuanto el caldo entre en ebullición. La salsa está lista.

Preparación de los ingredientes

Corta una berenjena pequeña longitudinalmente en cuatro (o en ocho, si es grande), con la piel.

Corta los pies de los espárragos con la mano.

Si las ocras no son lisas, ponlas sobre una tabla y frótalas con sal con las palmas de las manos y con ayuda de la plancha. Enjuágalas. Si son jóvenes y lisas, te puedes saltar este paso. Retira la punta del tallo de la ocra, pero sin cortar la vaina.

Corta en rodajas el boniato y la raíz de loto.

Corta la calabaza en rodajas.

Corta la zanahoria en una juliana fina, la cebolla en rodajas finas y mezcla.

Masa para tempura

100 g de harina panificable T45 tamizada

30 g de huevo batido (equivale a ½ huevo)

200 ml de agua helada (agua + cubitos)

400-600 ml de aceite

Masa para tempura

Bate el huevo en un bol. Añade el agua helada y remueve bien. Añade ahora la harina tamizada y vuelve a remover con suavidad. No te preocupes si quedan grumos, lo importante es que no remuevas demasiado, para que la masa no se vuelva pegajosa.

En un cazo de unos 20 cm de diámetro, vierte aceite hasta que alcance un mínimo de 2,5 cm de altura.

Calienta el aceite a 170-180 °C (t. 5-6).

Sumerge las verduras en la masa para tempura, para rebozarlas, y métalas en el aceite con cuidado y de una en una. Dales la vuelta de vez en cuando y controla la cocción.

Para la tempura de zanahoria y cebolla

Mete en un cucharón unos 60 g de la mezcla de zanahoria y cebolla. Añádele 1 cda. de masa, remueve y deposita con suavidad en la superficie del aceite. Extiende la masa un poco. Si se separa algún trocito, recógelo y vuélvelo a juntar.

Ajusta la temperatura en función del tamaño y de la consistencia de los ingredientes. Por ejemplo, si se trata de carne, tendrás que bajar a 170 °C para que se haga del todo.

Una vez hechas, retira las verduras rebozadas del aceite y deposítalas sobre una rejilla.

Sírvelas calientes, acompañadas de salsa o sal. También puedes mezclar sal con matcha o wasabi en polvo.

la soja en todas sus formas

レシピブック　　　Dificultad ●○○　　　2-3 raciones　　　Preparación: 2 días
　　　　　　　　　　　　　　　　　　　　　　　　　　　　　　　Cocción: 30 min

tofu

250 g de soja amarilla seca

1,2 l de agua filtrada

10-30 ml de *nigari*, según la concentración (cloruro de magnesio; o 2 g diluidos en 1 cda. de agua si el *nigari* es sólido)

Preparación

Revisa la soja y retira los granos dañados o ennegrecidos. Enjuaga y escurre el resto.

Pon la soja en remojo en 600 ml de agua filtrada en una ensaladera grande durante 24 h.

Cuando los granos se hayan hinchado, vuelca la soja y el agua del remojo en el vaso de un robot de cocina. Tritura durante 1 min largo o hasta que obtengas una mezcla homogénea. Si el robot de cocina es pequeño, hazlo en 3-4 tandas.

Pasa la soja triturada a una olla grande y añade el resto del agua filtrada (600 ml). Calienta a fuego medio y remueve constantemente con una espátula de madera. Cuando la mezcla justo rompa a hervir, baja el fuego y prolonga la cocción durante 10 min más, sin dejar de remover con mucha frecuencia para evitar que se pegue en el fondo.

Coloca sobre una ensaladera grande un colador forrado con un gran pedazo de estameña para cocina. Filtra la mezcla caliente haciéndola pasar por el colador.

El líquido que la ensaladera ha recogido es una bebida de soja. El residuo sólido que ha quedado en la estameña se llama *okara*.

<u>Tofu</u>

Vierte en una cazuela la bebida de soja que acabas de obtener y caliéntala a 70-75 °C (t. 2). Apaga el fuego. Añade con cuidado la solución de *nigari*, dejándola caer poco a poco sobre el dorso de la espátula mientras trazas un círculo con ella.

Remueve dos veces, no más, con la espátula, cubre la cazuela con un paño y tápala. Deja reposar durante 30-60 min. El tofu se endurecerá y se enfriará poco a poco.

Destapa la cazuela y comprueba que el tofu haya cuajado. Una vez lo haya hecho, deposítalo con cuidado en un molde con ayuda de un cucharón.

Ponle peso encima, por ejemplo un plato o una bandeja. Deja reposar durante 10-30 min en función de la firmeza que desees conseguir. Cuanto más tiempo mantengas el peso encima, más firme será el tofu. Se puede comer fresco, con salsa de soja y jengibre rallado o aliñado con aceite de sésamo y sal.

Para preparar tofu para *yudofu*, mantén el peso sobre el tofu durante 30 min como mínimo. Si lo vas a usar en un *ganmodoki*, mantén el peso encima durante un mínimo de 4 h.

Dificultad ●○○　　2-3 raciones　　Preparación: 50 min
Cocción: 15 min

yudofu ①

1 bloque de tofu (comprado o casero, de unos 300-400 g)

1 hoja de 5 cm × 5 cm de alga kombu seca

300-400 ml de agua filtrada, según el tamaño de la olla

Salsa de soja (o ponzu) para mojar

½ cdta. de sal

Cebolleta (opcional)

Sésamo blanco (opcional)

Jengibre rallado (opcional)

Vierte el agua filtrada en una olla y añade el alga kombu. Deja reposar durante 30 min, sin calentar.

Pasados los 30 min, añade el tofu en dados y la sal. Enciende el fuego y lleva a ebullición.

Cuando el agua hierva, baja el fuego y prolonga la cocción 1 min.

Tapa la olla, apaga el fuego y deja reposar durante 10 min antes de servir.

Prepara la salsa de soja o el ponzu con los condimentos. Sirve caliente o templado.

yuba ②

- 400 ml de bebida de soja casera + 100 ml para el remojo
- Salsa de soja para untar
- Wasabi o jengibre rallados (opcionales)

Preparación

Calienta 400 ml de bebida de soja en un cazo a fuego medio.

Cuando el líquido llegue a ebullición, baja el fuego y hierve a fuego bajo durante 2-3 min o hasta que sobre la superficie se forme una película sólida, el *yuba*.

Vierte los otros 100 ml de bebida de soja en otro recipiente o en un bote de vidrio.

Cuando el *yuba* haya espesado, sumerge un palillo largo en el cazo y levántalo con cuidado, intentando que la película sólida no se rompa.

Sácala del cazo y pásala al recipiente que has preparado con los 100 ml de bebida de soja.

Repite el procedimiento hasta que no quede bebida de soja en el cazo.

Sirve el *yuba* caliente o frío, untado en la salsa de soja o con wasabi o jengibre rallados.

| | Dificultad ●○○ | 2-3 raciones | Preparación: 40 min
Cocción: 25 min |

okara ③

La *okara*, rica en fibra y en proteína, se usa en la elaboración de hamburguesas o de *korokke*. Sin embargo, la forma más tradicional de consumirla sigue siendo la *unohana*, cuya receta presento a continuación.

- 150 g de *okara*
- 1 cebolleta
- ½ manojo de cebollino
- ½ zanahoria
- ¼ de bardana (gobo)
- 2 setas shiitake, frescas
- 1 cda. de sake
- 1 cdta. de dashi en polvo
- 2 cdas. de salsa de soja
- 200 ml de agua
- 2 cdas. de aceite de sésamo

Lamina las setas shiitake y corta en juliana la zanahoria y el gobo.

Pica groseramente la cebolleta y el cebollino.

Sofríe en aceite en una sartén todos los ingredientes: primero el gobo, luego la zanahoria y, finalmente, las setas shiitake.

Añade la *okara* y mantén al fuego hasta que se haya evaporado toda el agua.

Una vez evaporada el agua, añade la cebolleta y el cebollino.

Para terminar, añade el sake, el dashi en polvo, la salsa de soja y el agua. Mantén al fuego durante 5-10 min. Sirve caliente o frío.

ganmodoki ④

300 g de tofu firme

30 g de zanahoria

5 orejas de viejita (*Auricularia nigricans*) secas

30 g de bardana (gobo)

2 setas shiitake frescas

30 g de ñame

1 huevo

1 pizca de azúcar

1 pizca de sal

400-500 ml de aceite para freír

Salsa de soja para mojar

Jengibre rallado (opcional)

Pon un plato y un peso de 500-600 g durante 4-5 h sobre un bloque de tofu firme, para que suelte toda el agua. Una vez listo, sécalo bien para retirar el exceso de líquido.

Pica la zanahoria y la bardana. Blanquéalas.

Pon las orejas de viejita en remojo en agua caliente durante 10 min. Luego, lamínalas.

Pica los shiitake.

Ralla el ñame finamente.

Tritura el tofu en el robot de cocina hasta que obtengas una masa lisa.

Mezcla el tofu triturado con la zanahoria, la bardana, las orejas de viejita, las setas shiitake y el ñame.

Casca y bate el huevo y mézclalo poco a poco con la preparación de tofu y verduras, hasta que obtengas una masa homogénea.

Añade la sal y el azúcar. Forma 4-5 bolas y aplánalas ligeramente por encima. Si te untas las manos con un poquito de aceite, manipularlas te será más fácil.

Fríe las bolas en el aceite a 160-170 °C (t. 5-6) o hasta que se hayan dorado.

Sírvelas calientes, con la salsa de soja y el jengibre rallado; o frías, en un caldo dashi o en un *oden*.

Imprescindible: el mercado de Nishiki en Kioto

Este mercado, al que se conoce como la «cocina de Kioto», abastece a los chefs y particulares de la antigua capital imperial. Aunque los aficionados a la cocina también pueden hacer la compra aquí, lo toman por asalto sobre todo durante el Año Nuevo.

Son casi las diez de la mañana y Sachiko Hatanaka está lista para comenzar la jornada, ataviada con un delantal de mezclilla, una máscara de tela blanca bordada sobre la nariz y la boca, y gafas de montura redonda en la nariz. La septuagenaria echa un vistazo a su hijo, que sube la persiana de la pescadería mientras los primeros clientes hacen ya su aparición. El sol se filtra a través de la claraboya de vidrios rojos, verdes y amarillos que dotan de una atmósfera cálida al mercado. «La luz siempre es bonita. Cuando paseas para hacer tus compras, ves que no hay otro lugar igual. Esto tiene alma», explica la pescadera. «Esto» es el mercado de Nishiki, ubicado en el corazón de Kioto, a pocos metros del distrito de Gion y no lejos del antiguo palacio imperial. Apodado la «cocina de Kioto», aquí encontraremos pescaderías, carnicerías y vendedores de frutas y verduras o de soja, además de diversas especialidades locales.

Este mercado tiene su propio ritmo, una partitura hábilmente orquestada por hábitos diarios que se han convertido en costumbre. Algunos comercios abren hacia las diez de la mañana, momento en que aparecen los primeros visitantes. Muy concentrados, sopesan las verduras y se informan acerca de los mejores pescados del día. Nishiki es el reino de los chefs más que refugio de los ciudadanos o de los turistas de paso. Sus productos, célebres por su frescura y calidad, suelen protagonizar los platos de los mejores restaurantes de la ciudad.

Las manecillas del reloj marcan las doce: los chefs ya han regresado a sus cocinas y, entre los residentes que han venido a hacer la compra, hay un puñado de turistas, atraídos por la reputación del lugar. Ahora, olores cada vez más intensos a medida que avanza el día se unen a los colores iridiscentes y, al avanzar por esta arteria de cuatrocientos metros de longitud, las tiendas se adivinan incluso con los ojos cerrados. El olor a té tostado se mezcla con el de las especias recién molidas. Unos metros más allá, el rebozado de tempura se fríe en aceite, mientras que, algo más adelante, las vieiras se asan a la parrilla.

PROBAR LAS ESPECIALIDADES REGIONALES

En Nishiki hay de todo, pero aquí reinan las especialidades de la ciudad y de la región. Kioto es la ciudad de las verduras, que tienen incluso nombre propio: *kyo yasai*. Hay brotes de bambú; cebolletas conocidas como *kujo negi*; *kamo nasy*, unas berenjenas grandes de color violeta profundo, o *manganji togarashi*, pimientos verdes alargados. Los hay frescos, pero también fermentados –llamados *tsukemono*– en grandes barricas de madera o bien en frascos de vidrio.

El tofu es otro elemento indispensable de la cocina de Kioto, además de la estrella del *shojin ryori*, la cocina vegetariana budista, y del *kaiseki*, la cocina tradicional japonesa. En Nishiki, lo encontramos en todas sus formas: fresco o cocido y aderezado con especias o algas. Pero, sobre todo, hay que probar el *yuba*, la fina película que se forma en la superficie de la bebida de soja cuando se calienta. Se puede consumir fresco, solo, acompañado de verduras o sumergido en un caldo dashi. Sin lugar a duda, lo que también se tiene que probar de la cocina kiotense es la tortilla enrollada conocida como *tamagoyaki*. Este famoso tentempié dulce y salado se suele preparar al momento en una pequeña sartén cuadrada y se come directamente sentado a la barra, a pesar de que también se puede comprar para llevar.

El mercado de Nishiki también destaca por el té, porque Kioto está relativamente cerca de Uji, la ciudad por excelencia del té japonés, donde se producen las mejores variedades del país. El té aparece en todas sus formas: se puede comprar a granel, pero su sabor tan particular también se descubre en helados con sabor a té verde o al morder un *warabi mochi*, un pastelito cuadrado de masa de arroz aromatizado y cubierto con una fina capa de polvo de matcha.

LAS OBRAS DE ARTE DE JAKUCHU ITO

Basta con levantar la mirada justo antes de entrar en el mercado de Nishiki para ver el trabajo de Jakuchi Ito: la reproducción de una de sus pinturas adorna la entrada del mercado a varios metros del suelo. No es casualidad. Este pintor del siglo XVIII provenía de una familia de mayoristas de verduras de Kioto que tenía una tienda (Masuya) en el mercado. Jakuchu Ito asumió la gestión del puesto después de sus padres y, cuando tenía cuarenta años, se la traspasó a su hermano para dedicarse por completo a la pintura. Muy pronto se convirtió en uno de los pintores más destacados de Japón: pintaba sobre todo animales, ya fueran reales o imaginarios, y plantas. Un ejemplo de ello es la reproducción de Nishiki, en la que se puede ver un gallo pavoneándose y algunos peces nadando entre plantas acuáticas.

UN POCO DE HISTORIA

Este mercado cubierto alberga ahora más de ciento treinta comercios distintos, pero no siempre fue así. Las primeras huellas del mercado se remontan al periodo Heian (794-1185), durante el que no se le conoce ninguna especialidad concreta. Los documentos oficiales nombran al mercado de Nishiki por primera vez en 1615, cuando era uno de los tres mercados de pescado autorizados por el sogunato Edo en Kioto. Allí solo se vendía pescado, al por mayor y a profesionales. Los horticultores no pudieron vender sus productos en este mercado al aire libre hasta 1770.

El mercado tenía dos ventajas. La primera era su proximidad al palacio imperial (al que había que abastecer a diario), porque Kioto fue la capital de Japón hasta 1884 y el emperador y su familia residían allí. La segunda era que se alzaba sobre una gélida corriente de agua subterránea, ideal para conservar productos perecederos. Cada puesto contaba con un pozo que daba acceso directo a ella. Recibió el apodo de «cocina de Kioto» en 1928, cuando se permitió tanto a carniceros como a otros tenderos instalar sus puestos allí.

Al final de esta arteria *gourmet* se alza un *torii*, el portal que marca la entrada a los santuarios sintoístas. Unos metros más allá se encuentra el santuario Nishiki Tenmangu, cuya entrada está adornada con farolillos donde aparecen escritos los nombres de las tiendas y de sus propietarios. Y esto tiene una explicación: Nishiki Tenmangu es el santuario que alberga a los dioses de la erudición y del éxito comercial... ▬

La luz siempre es bonita. Cuando paseas para hacer tus compras, ves que no hay otro lugar igual. Esto tiene alma.

tsukemono y umeboshi

Los *tsukemono* son legumbres marinadas o fermentadas que acompañan a todos los platos tradicionales japoneses. Se suelen servir con un bol de arroz y sopa (de miso).

Para 1 kg de nabos

1 kg de nabos

1 l de agua filtrada

1 hoja de 10 cm × 10 cm de alga kombu seca

4-5 guindillas secas

110 g de azúcar

30 g de sal

150 ml de vinagre de arroz

Senmaizuke de nabo (1)

Pon la hoja de alga kombu en remojo en 1 l de agua filtrada durante 30 min.

Lava y corta los nabos en rodajitas con un cuchillo o una mandolina y en sentido perpendicular a las fibras.

Añade el azúcar, la sal y el vinagre al agua del remojo del alga. Lleva a ebullición y apaga el fuego. Añade las guindillas secas, a las que antes habrás quitado las semillas.

Añade el nabo en rodajitas mientras el agua aún está caliente y deja que se enfríe.

Sírvelo frío. Esta preparación se conservará durante 1 semana en el frigorífico.

Para 1 kg de *umeboshi* (o de albaricoques)

1 kg de ciruelas o de albaricoques

150 g de sal para salar las ciruelas (15 % del peso de la fruta)

200 g de shiso rojo (opcional)

40 g de sal para salar el shiso (solo si vas a añadir el shiso rojo)

Umeboshi (ciruelas pasas saladas) ②

Elige ciruelas maduras, de color amarillo anaranjado. Si aún están verdes, déjalas 2-3 días en un lugar fresco mientras esperas a que maduren. (Si vas a usar albaricoques, elígelos maduros, pero no del todo.)

Lava y seca con cuidado las ciruelas una a una con ayuda de un paño limpio. Retira las que estén dañadas.

Retira el rabillo con la punta de una brocheta de bambú.

Elige un recipiente (ensaladera, cazo, bote) de vidrio, esmalte o cerámica. Evita el plástico y el metal, porque pueden ser sensibles a la sal o el ácido.

Esteriliza con agua hirviendo el recipiente y todos los elementos que servirán de lastre y que estarán en contacto con las ciruelas.

En el fondo del recipiente, deposita primero una capa de sal y luego otra de ciruelas, apretándolas bien y sin dejar espacio entre ellas, aunque sin aplastarlas. Añade otra capa de sal y sigue alternando hasta terminar con una última capa de sal bastante gruesa.

Pon un peso encima (ha de pesar el doble que las ciruelas).

Al cabo de 3-4 días, comprueba que las ciruelas hayan soltado toda el agua (*umezu*) y que esta cubra las ciruelas.

Si han soltado toda el agua, reduce el peso del lastre hasta equipararlo al de las ciruelas cuando las pusiste en el recipiente.

Si aún no han expulsado toda el agua, añade otro 3 % de sal y espera 2 días más.

<u>Si no vas a usar shiso rojo</u>, cúbrelo todo con un paño limpio y deja reposar durante 3 semanas en un lugar fresco y oscuro.

<u>Si vas a usar shiso rojo</u> (que aporta un perfume agradable y un color bonito), prepara el shiso con sal.

Retira los tallos gruesos del shiso rojo y conserva solo las hojas. Lávalas y sécalas. Sala el shiso con la mitad de la sal para el shiso. Remueve bien, escurre y elimina toda el agua roja que salga.

Repite todo el proceso con el resto de la sal.

Vierte 1-2 cucharones de agua de ciruela sobre el shiso rojo escurrido y remueve bien para que el shiso quede bien impregnado.

Deposita el shiso impregnado de agua de ciruela sobre las ciruelas del recipiente.

Pon un peso equivalente a la mitad del peso de las ciruelas. Tápalo todo con un paño limpio y deja reposar durante 3 semanas en un lugar fresco y oscuro.

Al cabo de 3 semanas, consulta la predicción meteorológica: si se prevén tres días de buen tiempo consecutivos, extiende las ciruelas y el shiso sobre un colador plano o un tamiz limpio y déjalas secar al sol durante todo el día. Dales la vuelta 1-2 veces, para que se sequen de manera homogénea.

Por la noche, vuelve a meterlas en el recipiente de origen con el agua de ciruela.

Repite la operación al día siguiente.

El tercer día, vuelve a poner a secar las ciruelas al sol durante toda la jornada. Las *umeboshi* están listas.

Métrelas en recipientes esterilizados. Se conservarán durante 1 año al fresco o a temperatura ambiente.

レシピブック　　　　Dificultad ●●○　　　　4 raciones　　　　Preparación: 2 ½ días
　　　　　　　　　　　　　　　　　　　　　　　　　　　　　　　　Cocción: 1 h

kaki no ha zushi

- 1-2 filetes de caballa para obtener 12 lonchas
- 1-2 filetes de salmón para obtener 12 lonchas
- 450 g de arroz redondo blanco para sushi
- 560 ml de agua filtrada
- 1 hoja de 5 cm × 5 cm de alga kombu seca
- 120 ml de vinagre de arroz
- 120 g de azúcar
- 24 hojas de caqui
- 24 láminas de jengibre marinado
- 6 g de sal y 1 pizca para el pescado

¡Cuidado! Para evitar el más mínimo riesgo de anisakis, cocina la caballa por ambas caras o, si la vas a consumir cruda, congélala durante un mínimo de 48 h a -20 °C antes de iniciar la preparación.

Preparación

Congela la caballa si la vas a consumir cruda: sala el filete y déjalo sudar durante 10 min. Sécalo y envuélvelo en film transparente. Deposítalo en el congelador durante un mínimo de 48 h a -20 °C. (Te puedes saltar este paso si la vas a cocinar.)

Descongela la caballa en el frigorífico.

<u>Arroz para sushi</u>

Enjuaga con cuidado el arroz bajo el grifo de agua fría y presta atención para que los granos no se rompan. Repite 2-3 veces y deja el arroz en un colador, para que el agua se escurra.

Pasa el arroz limpio y el agua filtrada a una cazuela. Añade el alga kombu, tapa y deja reposar durante un mínimo de 30 min antes de iniciar la cocción.

Cuece a fuego vivo durante 5 min y luego, cuando hierva, a fuego bajo otros 10 min. Apaga el fuego y deja reposar 10 min más sin destapar la cazuela.

Retira el alga kombu, mezcla 60 ml de vinagre de arroz, 60 g de azúcar y 6 g de sal en un bol pequeño.

Extiende el arroz cocido sobre una bandeja plana grande.

Remueve con cuidado y añade vinagre mientras enfrías el arroz con un abanico.

Prepara el vinagre para el pescado mezclando 60 ml de vinagre de arroz, 60 g de azúcar y una pizca de sal.

Pon el filete de salmón en remojo en esta preparación 10 min. Córtalo en 12 lonchas iguales y resérvalas en el frigorífico.

Ahora, pon en remojo el filete de caballa. Córtalo en 12 lonchas iguales si lo habías congelado. En caso contrario, hazlo en la sartén por ambas caras antes de cortarlo en lonchas.

Preparación del *kaki no ha zushi*

Lava y seca las hojas de caqui.

Deposita la hoja de caqui sobre una tabla de cocina, con la parte lisa hacia arriba.

En el centro de la hoja, deposita una lámina de jengibre marinado, una loncha de pescado y 40 g de arroz para sushi en forma de cubo alargado.

Envuelve la loncha de pescado y el arroz con la hoja, como si fuera papel de regalo.

Ahora, deposita los farditos uno al lado de otro en un recipiente. Una vez esté lleno, ciérralo y pon un peso sobre la tapa. Déjalos reposar en un lugar fresco durante ½ día y sírvelos ese mismo día. Las hojas de caqui solo conservan el sushi, no se comen.

saikyo zuke

- 4 lonchas generosas de bacalao negro (o blanco, si no lo encuentras)
- 150 g de miso
- 50 ml de sake
- 50 ml de mirin
- 10 g de azúcar
- 20 g de sal
- Jengibre marinado (opcional)

Preparación

Sazona el pescado y deja reposar durante 30 min en el frigorífico. Sécalo.

Mezcla el miso, el sake, el mirin y el azúcar. Sumerge el pescado en esta salsa y marínalo durante 6-12 h en el frigorífico.

Frota la superficie del pescado con la salsa de miso y cocínalo en una sartén primero a fuego medio. Una vez se haya caramelizado la superficie, dale la vuelta, baja el fuego, tapa la sartén y prolonga la cocción durante 3-4 min.

Sirve con jengibre marinado, caliente y acompañado de un bol de arroz.

Los *wagashi*, delicias japonesas

Desde los gofres *taiyaki* rellenos de pasta de alubias rojas hasta la esponjosa tarta de queso, pasando por el *namagashi* de un rosa brillante y cuya forma recuerda a la flor de cerezo... Sumergirse en el mundo de la confitería japonesa activa los cinco sentidos.

La confitería japonesa es un espectáculo visual y olfativo, además de un placer para el paladar. El tacto también recibe su premio: nada supera la sensación de tocar con la yema de los dedos un *daifuku* recubierto de una ligera película de harina de arroz o de reseguir el relieve de las escamas del gofre en forma de dorada recién hecho. Claro que, antes de hincarle el diente, uno ha de saber qué tiene delante. Conviene dominar las sutilezas del universo de la pastelería japonesa.

UNA CUESTIÓN DE VOCABULARIO

En primer lugar, hay que diferenciar entre los *wagashi* y los *yogashi*. *Gashi* significa «pastel» en japonés, por lo que la clave está en el prefijo: *wa* se puede traducir como «japonés» y *yo* como «occidental». Por lo tanto, los *wagashi* son pasteles japoneses, una categoría con muchas variedades. En cuanto a los *yogashi*, son pastas occidentales que pueden elaborar tanto occidentales como japoneses.

Volviendo a los *wagashi*: este término abarca varios tipos de pasteles tradicionales. Por un lado, están los *namagashi*, unos pastelitos frescos y con un contenido de más del 40 % de agua. Estos pequeños tentempiés son de textura suave, incluso cremosa, y se han de consumir en el día, si no al instante, en el caso de los más golosos. Entre estos *namagashi*, encontramos: *mochi mono*, que son pasteles a base de arroz glutinoso, como el *daifuku* o el *mochi*; *nerikiri*, verdaderas obras de arte de la repostería y de formas refinadas; o *yaki mono*, pasteles cocidos (*taiyaki* o *dorayaki*, por ejemplo). Por otro lado, están los *higashi*, unas pastitas secas con menos del 10 % de agua. Se asemejan más a caramelos que a pasteles. Los más conocidos son los *konpeito* y los *kintaro ame*, de colores brillantes.

MOMENTOS PARA SABOREAR

Los *wagashi* no se consumen en cualquier momento ni lugar. El mundo de la repostería japonesa está muy codificado y los *wagashi* más tradicionales, sobre todo los *nerikiri*, se compran y se consumen en establecimientos especializados. También se sirven, y es aquí a donde se remonta su origen, durante la ceremonia del té. Los *wagashi* menos «preciados», como los *dorayaki*, se encuentran en panaderías y en todos los *konbinis* de Japón. Por último, los *taiyaki*, los famosos gofres con forma de dorada, son uno de los emblemas de la comida callejera. Se encuentran especialmente en los festivales *matsuri*, que salpican el año en Japón.

HISTORIA VIVA

Hay muchas variedades de pastelitos tradicionales. Sin embargo, cuando se habla de *wagashi*, uno piensa sobre todo en las diminutas obras de arte que acompañan a la ceremonia del té y que cumplen con especificaciones muy precisas. La historia y la evolución de los *nerikiri* están íntimamente vinculadas a la de las islas. Todo comienza con el azúcar. Porque sin azúcar no hay *wagashi*.

Durante el periodo Nara (710-794), el archipiélago importaba azúcar chino, pero era muy caro y, por lo tanto, exclusivo para

---

DATO RÁPIDO

ANKO, EL INGREDIENTE INDISPENSABLE

Esta pasta de alubias rojas es imprescindible para la elaboración de los *wagashi*. Existen distintas variedades.

- El *tsubu an*: hay que hervir y pelar las alubias antes de reducirlas a puré.

- El *tsubushi an*: las alubias se hierven y, una vez tiernas, se reducen a puré sin necesidad de pelarlas.

El *anko* puede tener dos texturas diferentes: una lisa y otra más irregular, donde quedan pequeños trozos de alubia.

LOS MOCHI A LO LARGO DEL AÑO

En Año Nuevo, se disfrutan los *kagami mochi*, que son dos mochis superpuestos. Para el Día de las Niñas, el 3 de marzo, se regalan *hishi mochi*, que son mochis con forma de diamante rosa, blanco y verde. El 5 de mayo, el Día de los Niños, es costumbre disfrutar de *kashiwa mochi*, que son mochis enrollados en una hoja de roble.

unos pocos privilegiados. Entonces se saboreaba el té con pasteles de arroz, de castaña, de caqui o de algas. Unos siglos más tarde, durante el periodo Muromachi (1336-1573), el volumen de azúcar importado aumentó, sobre todo por el comercio con los portugueses. Aún se utilizaba muy poco en la elaboración de pasteles, ya que su precio seguía siendo elevado, y era una especie de polvo de oro con el que se espolvorean los dulces que se servían durante la ceremonia del té. De hecho, la preparación y la forma de los *wagashi* evolucionaron gracias a esta última y a su estricta codificación. En 1683, la confitería Kikuya publicó una compilación de sus múltiples variaciones, con nombres que se siguen usando hoy, como «ciruelo nocturno» o «nevada ligera». Diez años más tarde, en 1693, otra guía recogió 250 *wagashi*, con ilustraciones para cada uno, así como detalles acerca de las distintas recetas y modalidades de confección.

REPRESENTAR LA NATURALEZA

Llegado el siglo XVII, la élite cultural de Kioto disfrutaba de los *wagashi*, que también degustaban los señores de Edo (el antiguo nombre de Tokio). Aunque los *wagashi* eran (y son) un placer para el paladar, lo primordial era que respetaran los preceptos de la ceremonia del té: seguir y realzar, con delicadeza y poesía, el paso de las estaciones. Para ello, los maestros pasteleros variaban las técnicas de elaboración, ya que los ingredientes que se usaban para preparar estas joyas comestibles eran casi siempre los mismos: agua, azúcar y *anko* (una pasta de alubias rojas).

De la naturaleza, adoptaron primero los colores: el rosa claro evocaba el color primaveral de las flores de cerezo y ciruelo; el rojo, la incandescencia de las hojas en otoño; y el blanco, los copos de nieve. También adoptaron sus formas: los *wagashi* evolucionaban junto al universo vegetal y debían representar las flores de temporada, aunque también podían adoptar la forma de frutas o de hojas. El chef pastelero podía proponer creaciones imaginativas y poéticas.

EXPORTAR EL CONOCIMIENTO

Los *wagashi* vivieron sus mejores momentos a partir del siglo XVII, pero el aumento del consumo de café en el archipiélago y la disminución de ceremonias del té llevaron a que estos valiosos pasteles se consumieran cada vez menos. Sin embargo, grandes casas, como Toraya, llevaron su experiencia más allá de las fronteras del archipiélago. Fundada en Japón a mediados del siglo XVI, Toraya es uno de los proveedores de la familia imperial. Kioto fue su ubicación original y, de allí, siguió al emperador a Tokio con el cambio de capital en 1869. En 1980, abrió una sucursal en Francia para dar a conocer los dulces tradicionales nipones a los paladares franceses. Futoshi Yoshida es uno de los maestros pasteleros de Toraya y aprendió los fundamentos de la pastelería en Tokio. «Parece sencillo, pero en realidad hay que entender bien las técnicas de fabricación y manipulación del *anko*», explica. «La textura de la masa ha de ser constante y el sabor del *azuki* no puede ser ni demasiado fuerte ni demasiado suave.» Aunque comenzó en la cocina, luego decidió cambiar la chaquetilla blanca por el traje de vendedor. «Me interesaba entender qué querían los clientes, qué les gustaba, qué preferían», dice. Después de tres años, volvió a la cocina y comenzó a dar forma a *wagashi* más complejos.

A los 26 años, se trasladó a París para un primer periodo como aprendiz y, unos meses más tarde, regresó y se instaló en la capital francesa durante más tiempo: vivió allí durante más de una década. En 2012, volvió a Japón para enseñar el arte del *wagashi* y supervisar la preparación de pasteles para la familia imperial. En 2021, regresó a Francia y a la tienda de la calle Saint-Florentin de París. Su obra es una sutil mezcla de tradiciones japonesas y prácticas culinarias francesas y se inspira en pastelerías y restaurantes parisinos para ofrecer creaciones con ingredientes típicamente franceses, como un *wagashi* de pera y caramelo. Al mismo tiempo, ofrece a los paladares sabores típicamente japoneses, como el *yomogi* (artemisa), una hierba que aporta una nota vegetal y mentolada; hojas de *sakura* para los *wagashi* de primavera o miso blanco de Kioto, que aporta un sabor dulce-salado. ▪

> Aunque los wagashi son un placer para el paladar, lo primordial es que respeten los preceptos de la ceremonia del té: seguir y realzar, con delicadeza y poesía, el paso de las estaciones.

| Dificultad ●●○ | Salen 8 dados (4 raciones) | Preparación: 60 min Cocción: 10 min |

yubeshi

- 50 g de nueces sin cáscara
- 100 g de harina de arroz glutinoso
- 100 g de azúcar mascabado negro
- 1 cdta. de salsa de soja
- 150 ml de agua filtrada
- 1 puñado de harina de arroz glutinoso

Preparación

Tuesta las nueces y trocéalas groseramente.

Calienta en un cazo pequeño el agua, el azúcar mascabado y la salsa de soja. Remueve bien para que el azúcar se disuelva por completo.

En un bol, mezcla poco a poco la harina de arroz glutinoso con la mezcla de azúcar, soja y agua.

Vierte la mezcla en otro cazo y calienta a fuego bajo mientras remueves enérgicamente hasta obtener una masa pegajosa. Añade la nuez troceada.

Espolvorea harina de arroz glutinoso sobre un plato vacío antes de depositar encima la masa pegajosa que acabas de preparar. Tápalo todo con papel film y aplana la masa hasta lograr un grosor homogéneo.

Cuando se haya enfriado, retira el papel film y espolvorea con harina de arroz glutinoso. Corta la masa en dados más o menos grandes en función de tus preferencias.

mochi de matcha

Masa para mochis

60 g de harina de arroz glutinoso

60 g de azúcar

74 g de agua filtrada

3 g de té matcha en polvo

100 g de anko (pasta de alubias rojas)

1 puñado de fécula de patata

Preparación

Deposita todos los ingredientes de la masa para mochis en un recipiente y remueve bien.

Traslada la masa a un recipiente plano.

Cuécela al vapor durante 12 min.

Forma cuatro bolas de anko de 25 g cada una.

Una vez cocida la masa, deposítala en un bol y amasa hasta que obtengas una masa muy pegajosa.

Espolvorea un plato vacío con fécula de patata.

Pon la masa sobre el plato espolvoreado con fécula y córtala en cuatro partes iguales.

Agarra uno de los cuartos de masa para mochis con la mano y pon una de las bolitas de *anko* en el centro. Forma una bola.

Consume en un plazo de 2 días.

| | Dificultad ●●○ | Salen 12 *dorayaki* (24 crepes) | Preparación: 120 min
Cocción: 10 min |

dorayaki

- 3 huevos (180 g de huevo)
- 180 g de harina
- 160 g de azúcar
- 15 g de miel
- 15 g de mirin
- 15 g de mantequilla fundida
- 1 cdta. de bicarbonato de sodio (que diluirás en 1 cdta. de agua)
- 30-40 ml de leche
- 300 g de *anko* (pasta de alubias rojas)

Preparación

Bate los huevos en un bol.

Añade el bicarbonato, el mirin y la miel y remueve bien a medida que vayas añadiendo ingredientes.

Añade el azúcar y remueve.

Añade la harina y remueve.

Para terminar, añade la mantequilla fundida. Remueve.

Deja reposar la masa en el frigorífico durante 1 h como mínimo.

Calienta una plancha o una sartén a fuego bajo. Vierte el equivalente de 2-3 cucharadas de masa y forma una crep pequeña, de unos 8-10 cm de diámetro. Dale la vuelta con cuidado cuando empiecen a aparecer burbujitas en la superficie. Repite hasta que obtengas 24 crepes. (Vierte siempre la misma cantidad de masa para que todos los *dorayaki* tengan el mismo tamaño.)

Cuando tengas las 24 crepes, coge una, cúbrela con 25 g de anko y tápala con otra para formar un sándwich: saldrán 12 *dorayaki*.

 # KYUSHU

Yoshoku, o platos occidentales a la japonesa ───── 142

Kyushu y los huertos a la sombra de volcanes ───── 156

Los yatai, una institución de Fukuoka ───── 164

La fruta, el lujoso placer de los japoneses ───── 177

Fideos de distintos tipos ───── 188

Yoshoku, o platos occidentales a la japonesa

Tempura, *karerice*, *tonkatsu* e incluso *naporitan*... son recetas omnipresentes en los fogones de los restaurantes y de las cocinas domésticas de Japón. A pesar de que ahora se los considera platos japoneses, en realidad son una interpretación japonesa de platos occidentales.

Al hincar el diente en alimentos en tempura, esa fritura ligera que los dota de una textura a la vez crujiente y tierna, ¿a quién se le ocurriría pensar que no son platos japoneses? Son omnipresentes en el archipiélago, en los menús de los restaurantes, en los puestos de comida callejera... e incluso en los menús de restaurantes japoneses de todo el mundo. Lo que pasa es que la tempura no es originaria de Japón. Tampoco lo son el *karerice*, el *tonkatsu*, el *naporitan* o el *korokke*. Todos estos platos son *yoshoku*, que significa «cocina occidental», en contraste con *washoku*, que significa «cocina japonesa». El prefijo *yo* significa «occidental» y *wa*, «japonés».

LA APERTURA A LA COCINA EXTRANJERA

Las cosas no siempre fueron así. Esta distinción data del siglo XIX porque, hasta entonces, el archipiélago había sido un imperio cerrado cuyos contactos con el extranjero eran escasos, si no nulos. Por lo tanto, no había necesidad de distinguir entre cocina japonesa y cocina extranjera. Entonces, las potencias occidentales obligaron al país a abrir sus fronteras y el periodo Meiji (1868-1912) vio cómo los extranjeros entraban en el archipiélago y traían consigo sus culturas culinarias, entre otras cosas. El paladar de la burguesía japonesa descubrió nuevos sabores y la carne, en su mayoría prohibida hasta

entonces, llegó a los platos. De todos modos, estos platos no se hicieron populares hasta el siglo xx, cuando se convirtieron en sinónimos de la cocina familiar y popular por excelencia.

La cocina *yoshoku* no es estrictamente occidental. Al menos, no del todo. Se trata de algo más sutil. No es tanto una copia como una interpretación a la japonesa de recetas occidentales. La base está ahí, pero reelaborada, enriquecida y transformada por chefs japoneses. El resultado son platos de los que no se puede afirmar con certeza si son japoneses o no, porque se han integrado por completo en la cultura culinaria del archipiélago.

Yoshoku significa «cocina ocidental», donde el prefijo yo significa «ocidental».

LA CONTRIBUCIÓN CULINARIA DE LOS MISIONEROS PORTUGUESES

A pesar de que la cocina *yoshoku* nació a mediados del siglo xix, algunas potencias extranjeras ya habían hecho alguna que otra incursión culinaria en Japón unas décadas antes. De hecho, los misioneros jesuitas portugueses cruzaron las fronteras japonesas ya en el siglo xvi. Japón descubrió entonces los *peixinhos da horta*, la base de la tempura, esos rebozados crujientes que tanto cubren verduras como gambas.

Los misioneros jesuitas introdujeron otras recetas en el archipiélago, como el *castella*, un bizcocho hecho con huevos, harina y azúcar, llamado *castilla* en Portugal. Dada la escasez de azúcar en el archipiélago, este fue sustituido por *mizuame*, un edulcorante a base de sirope de almidón. Ahora, el *castella* se considera una especialidad de Nagasaki, uno de los principales puertos de Kyushu.

ALGUNOS PLATOS TÍPICOS DE LA COCINA YOSHOKU

Korokke

Los *korokke* son una adaptación de las croquetas de patata occidentales. Llegaron a Japón a finales del siglo XIX y, al principio, eran un plato exclusivo que se servía con salsa bechamel. Ahora, están en todas partes y se venden a un precio asequible en tiendas de alimentación y carnicerías. Este aperitivo o acompañamiento de *bento*, según el hambre que se tenga, se elabora con puré de patatas al que se añade carne picada y cebolla. Con la masa se forma una bola que se recubre con *panko* (pan rallado japonés) y se fríe.

Kare raisu o *curry rice*

Esta combinación tiene orígenes múltiples. El curri, cuya patria por excelencia es India, llegó a Japón a través de Inglaterra. El *kare raisu* es, por lo tanto, arroz acompañado de una espesa salsa de curri con cebolla, patata y zanahoria. Al principio se elaboraba con curri en polvo y se hizo muy popular después de la guerra, cuando se empezaron a comercializar las célebres porciones de curri en pastillas industriales que permiten graduar la intensidad. El *curry rice* se come, como su nombre indica, con arroz blanco y se acompaña con cerdo empanado, el famoso *katsukare*. Desde hace varias décadas, algunas regiones japonesas han desarrollado su propia receta con, por ejemplo, carne de caza como acompañamiento en la región de Hokkaido, o mariscos y tofu en Okinawa.

Doria

El *doria* es un gratinado de inspiración francesa que se prepara con arroz en lugar de con patata. El arroz se cubre con salsa blanca (bechamel) y queso y se cuece al horno. La receta nació en la ciudad portuaria de Yokohama, lo que probablemente explique la presencia de marisco, sobre todo vieiras, para adornar el gratinado. Ahora hay versiones en las que, en lugar de vieiras, se usa pulpo o, con más frecuencia, pollo.

Naporitan

Tal y como su nombre indica (en japonés, la «r» se pronuncia como una «l»), el *naporitan* es una receta *yoshoku* de inspiración italiana, aunque este plato haría que cualquier cocinero de la bahía de Nápoles se tirara de los pelos. Son espaguetis cubiertos con una salsa a base de pimiento verde, cebolla, champiñones y... kétchup en lugar de salsa de tomate. Los espagueti se sirven pasados el punto *al dente* y se rematan con rodajas de salchicha. Se dice que este plato se concibió para alimentar al general Douglas MacArthur, que aterrizó en Yokohama el 30 de agosto de 1945. Se dirigió a un hotel del puerto que había sobrevivido a los bombardeos y el chef se inspiró en las raciones militares estadounidenses para crear este plato de espaguetis con kétchup (dice la leyenda que no usó kétchup, sino tomate triturado en conserva) y dejó reposar la pasta en el agua más tiempo del necesario para que la textura se asemejara a la de los fideos udon, muy apreciados por los japoneses. Muchos otros restaurantes adoptaron la receta, aunque sustituyeron el tomate triturado por kétchup, más barato y, sobre todo, más fácil de encontrar en los colmados japoneses.

Omuraisu

El *omuraisu*, u *omurice*, es uno de los platos emblemáticos de los *kissaten*, los cafés japoneses representativos de la década de 1970 y que parecen suspendidos en el tiempo. *Omurice* es la contracción de las palabras inglesas *omelette* y *rice*: arroz cubierto con una esponjosa tortilla encima. Para prepararlo, basta con saltear el arroz en una sartén con ajo, cebolla, pimiento verde y kétchup. Entonces, se deposita todo sobre una tortilla que se cierra alrededor del arroz. Hay una variante que consiste, sencillamente, en colocar una tortilla de bordes bien redondeados sobre el arroz. ¿El toque final? Dibujos o caracteres japoneses elaborados con... kétchup, ¡por supuesto! ▬

nanban de pollo de miyazaki

400 g de pollo fileteado (o 400 g de contramuslo deshuesado)
1 huevo batido
1 puñado de harina
400 ml de aceite para freír
1 pizca de sal y pimienta

Salsa tártara

1 huevo duro cortado a trocitos
¼ de cebolla picada
10 g de pepinillos cortados en trocitos muy pequeños
3 cdas. de mayonesa
½ cdta. de salsa de soja
1 cdta. de zumo de limón
1 pizca de sal y de pimienta

Salsa nanban

3 cdas. de salsa de soja
3 cdas. de vinagre
3 cdas. de mirin
2 cdas. de azúcar

Preparación

Salsa tártara

Mezcla bien los ingredientes en un bol y reserva en el frigorífico.

Corta el pollo en trozos del tamaño de un bocado, salpimiéntalos y rebózalos en harina.

Salsa nanban

Mezcla todos los ingredientes en un cazo pequeño y lleva a ebullición.

Pasa los trozos de pollo enharinados por el huevo batido y fríelos en aceite a 180 °C (t. 6).

Unta los trozos de pollo frito en la salsa nanban.

Dispón el pollo en un plato y úntalo en la salsa tártara.

tonkotsu ramen

Fideos

- 400 g de harina de trigo panificable (T45 o T55, preferiblemente con un contenido en proteínas del 12 %)
- 160 ml de agua filtrada (40 % del peso de la harina)
- 4 g de sal (1 % del peso de la harina)
- 2 g de bicarbonato de sodio (0,5 % del peso de la harina)
- 2 g de bicarbonato de potasio (0,5 % del peso de la harina; si no encuentras bicarbonato de potasio, sustitúyelo por bicarbonato de sodio)
- 4-5 puñados de fécula de patata

Preparación

Fideos

Pesa todos los ingredientes con precisión. En un bol pequeño, vierte el agua, la sal y el bicarbonato. Remueve bien hasta que todo se disuelva.

Vuelca la harina tamizada en un bol grande.

Remueve la harina y el agua con palillos hasta que la humedad se reparta de manera homogénea y la masa empiece a formar migas. Recupera la harina que se vaya pegando a las paredes del bol. La masa aún no está integrada del todo y recuerda a migas de pan. Métela en el fondo de una bolsa de plástico para alimentos grande y con cierre, ciérrala bien para evitar que la masa se seque y deja reposar durante 1 h, para que la harina acabe de absorber bien el agua.

Empieza a amasar al cabo de 1 h. Lo más fácil es amasarla con los pies. Abre un poco la bolsa para que entre aire y dispón un trapo o una servilleta limpios sobre el suelo limpio. Pon encima la bolsa con la masa y aplánala dando pasitos por encima. Una vez se haya aplanado y ocupe toda la bolsa, ábrela, saca la masa y dóblala en tres hacia el centro.

Vuelve a meterla en el fondo de la bolsa y repite el proceso 2-3 veces más.

Deja la masa aplanada en la bolsa. Ciérrala y deja reposar durante al menos 2 h y, si es posible, durante 1 día.

Ahora, corta la masa en 4 partes iguales y aplánalas con un rodillo hasta que obtengas láminas alargadas.

A. Si tienes una máquina para hacer pasta, pasa la masa por esta comenzando por el nivel «0» (el más ancho) y afinándola progresivamente hasta que obtengas el grosor deseado (se recomiendan unos 1-2 mm, o el nivel «5» de la máquina Marcato Atlas 150).

Ahora, espolvorea con fécula de patata las láminas de pasta por las dos caras y corta fideos de la longitud deseada. La longitud estándar de un espagueti funcionará muy bien.

Sopa

500 g de huesos de cerdo (costillas)

500 g de huesos de cerdo (fémur)

300 ml de agua

B. Si no tienes máquina para hacer pasta, aplana con un rodillo las láminas de masa hasta que tengan un grosor de 1-1,5 mm. Espolvoréalas con fécula de patata por ambas caras, dóblalas por la mitad y corta fideos de la longitud deseada.

Una vez tengas los fideos, vuelve a espolvorearlos con fécula, para que no se peguen entre ellos. Levántalos 2-3 veces, para asegurarte de que todos queden bien espolvoreados, y déjalos reposar en un recipiente apto para alimentos 1-2 días. Aunque se pueden comer inmediatamente, siempre están más buenos tras 1-2 días de reposo.

Si quieres fideos ondulados, basta con que agarres unos cuantos con la mano y los aplastes con suavidad, pero con firmeza, para darles algo de forma.

Sopa

El día anterior, limpia y pon en remojo en agua los huesos de cerdo para eliminar la sangre. Déjalos 1 noche en el frigorífico o en un lugar fresco. Tras la noche en remojo, desecha el agua.

Rompe los huesos con un martillo o córtalos con un cuchillo, con cuidado para no cortarte. El umami también sale del interior del hueso, por lo que conviene cortarlos en trozos bastante pequeños.

Mete el agua y los huesos en una olla exprés. Si el volumen de agua indicado en los ingredientes no basta para cubrir los huesos, añade más. La cantidad de agua es aproximada, porque irás añadiendo más a medida que baje.

Calienta a fuego vivo sin tapar la olla y lleva a ebullición. Cuando la sopa hierva y empiece a aparecer espuma marrón, reduce a fuego medio y comienza a espumar. No es necesario que retires toda la espuma. Puedes pasar a la fase siguiente incluso si al cabo de 20 min aún te queda algo de espuma.

Tapa y cierra la olla exprés a fuego medio: espera a que la presión suba y mantén al fuego durante 2 h a fuego bajo.

Al cabo de 2 h, apaga el fuego y deja enfriar hasta que puedas abrir la olla exprés.

Abre la olla, añade el taco de cerdo para el *chashu* y prolonga la cocción 1 h a fuego medio, sin tapar la olla. Regula el fuego para que el agua hierva a borbotones. Llegados a este punto, la sopa será bastante densa y tendrás que remover con frecuencia para que no se pegue nada en el fondo. Añade agua de vez en cuando si se reduce demasiado.

Saca el taco de cerdo y filtra la sopa por un colador. Aprieta bien los residuos para extraer todo el jugo que haya absorbido la carne. Deberías obtener unos 1200 ml de sopa. Añade agua si la cantidad de sopa es insuficiente. La sopa está lista.

Si la sopa te gusta bastante grasa, la puedes dejar casi toda; en cualquier caso, espera a que se enfríe y retira entonces el exceso de grasa, que se solidificará en la superficie. Reserva al menos 6 cucharadas de la grasa retirada (la podrás usar como aceite aromático para perfumar el ramen).

Chashu

300 g de lomo o de panceta de cerdo, en un taco
150 ml de salsa de soja
50 ml de mirin

Shoyu tare para tonkotsu

10 g de alga kombu
4 cdtas. de ajo triturado
150 ml de agua filtrada
120 ml de salsa de soja
50 ml de mirin

Ajitsuke tamago

4 huevos
40 ml de salsa de soja
30 ml de agua
20 ml de mirin
8 g de azúcar

Condimentos (al gusto)

2-3 cebolletas, picadas finas
Orejas de viejita (*Auricularia nigricans*) cocidas, al gusto
Bambú marinado, al gusto
Jengibre marinado, al gusto
Takana (col marinada picante), al gusto

Chashu

Mete el taco de cerdo en una bolsita con cierre y añade la soja y el mirin de la lista de ingredientes para el *chashu*. Extrae el aire de la bolsa, para que toda la superficie de la carne quede en contacto con la salsa. Marina durante un mínimo de 1 h.

Shoyu tare para tonkotsu

Pon en remojo el alga kombu durante 30 min en agua filtrada en una cacerola y, luego, lleva a ebullición. Añade la salsa de soja y el mirin. Calienta a fuego medio durante 10 min, retira el alga kombu y deja enfriar. El *tare* está listo. El ajo triturado se añade justo antes de servir.

Ajitsuke tamago

Mezcla en un cazo todos los ingredientes líquidos y el azúcar del *ajitsuke tamago*. Apaga el fuego y deja que se enfríe.

En una cazuela, lleva agua a ebullición y añade con cuidado los huevos, sacados directamente del frigorífico. Hiérvelos durante 7-8 min y sácalos del agua. Enfríalos con agua fría. Pélalos y métalos en una bolsa pequeña con cierre, añade la salsa que has preparado en la etapa anterior y extrae el aire de la bolsa para que los huevos queden en contacto total con la salsa. Marina durante 3 h.

Condimentos

Pica la cebolleta, corta los *ajitsuke tamago* longitudinalmente por la mitad, corta el *chashu* en lonchas y prepara con antelación todos los condimentos que hayas decidido usar.

Presentación

Calienta el caldo (unos 300 ml por persona).

Cuece 140 g de fideos por persona durante unos 2 min en una olla grande con abundante agua hirviendo. Escúrrelos con cuidado. Si vas a cocer muchos fideos al mismo tiempo, asegúrate de usar una olla lo bastante grande.

Antes de que los fideos se hagan, añade 2 cdas. de *shoyu tare*, 1 cda. del aceite aromático previamente reservado y 1 cdta. de ajo triturado al fondo de un bol. Añade entonces la sopa caliente (adapta la cantidad de *tare* a tu gusto).

Deposita con cuidado los fideos cocidos en el bol de sopa y añade *chashu*, *ajitsuke tamago*, cebolleta, etc. Sirve muy caliente.

pollo karaage

- 400 g de contramuslo de pollo deshuesado
- 1 ½ cdas. de sake
- 2 cdas. de salsa de soja
- 10 g de jengibre
- 10 g de ajo
- 4 cdas. de fécula de patata
- 500 ml de aceite para freír

Preparación

Ralla el jengibre y el ajo.

Corta el pollo en trozos del tamaño de un bocado y disponlos en un bol.

Añade el sake, la salsa de soja, el jengibre y el ajo. Remueve y marina durante al menos 15 min.

Trasvasa la marinada a un bol, elimina el exceso de líquido y añade la fécula de patata.

Remueve bien y fríe a 160-180 °C (t. 5-6) en función del tamaño de los trozos de pollo. Sirve caliente, acompañado de ensalada y de zumo de limón.

Kyushu y los huertos a la sombra de volcanes

La isla, sobre cuyo territorio se alzan los dos volcanes más activos del mundo, aprovecha esta convivencia ardiente: sus tierras son de las más fértiles de todo el archipiélago.

«Si se presta atención, hay señales que anuncian las erupciones. Por ejemplo, si los animales se niegan a acercarse a las laderas, la erupción es inminente», responde Shiro Watanabe cuando se le pregunta acerca de los riesgos de vivir a los pies de un volcán activo. Tiene 55 años y es horticultor en plena caldera del monte Aso, que comprende una quincena de conos volcánicos en una superficie de 25 × 18 km. Aso-san es el volcán más extenso de Japón y uno de los más activos. «Sí, vivir aquí es arriesgado, pero el volcán también nos da mucho. Y luego está la leyenda, ¿la conoces?», pregunta. No, no conozco la leyenda del monte Aso. Así que me la cuenta: el mítico emperador Jimmu (siglo VIII a.C.) ordenó a su nieto Takeiwatatsu no Mikoto, el dios del monte Aso, que se dirigiera al monte. Cuando llegó, descubrió un cráter gigante y una extensa área cubierta de agua. Entonces, hundió uno de los bordes de la caldera para vaciarla. El lecho del lago, ahora seco, era rico en sedimentos lacustres y en minerales y se convirtió en un fértil terreno cultivable donde los agricultores plantaron campos de arroz, huertos y árboles frutales. «La tierra de la isla es muy rica. Cultivamos la mejor fruta y verdura de Japón», afirma Shiro, orgulloso.

MINERALES Y UN CLIMA SUBTROPICAL

La alta densidad volcánica de Kyushu otorga cualidades importantes a sus tierras, que son ricas en nitrógeno, carbono orgánico y minerales, una combinación muy valiosa que contribuye a la gran fertilidad del suelo. Aquí crece casi todo, porque a la calidad de la tierra hay que sumar un clima subtropical húmedo que produce una estación cálida larga, una estación fría más suave que en las tres islas principales del archipiélago japonés y lluvias que riegan el terreno con regularidad.

A poca distancia de allí, en las colinas de Bungotakada, una pequeña ciudad próxima al mar interior de Seto, se encuentra una de las regiones frutícolas más productivas de la isla. Allí se cultiva la uva *kyoho budo*, cuyo nombre se puede traducir literalmente como «uva gigante de las montañas». Los propietarios de la granja Izumi Nouen se embarcaron en el cultivo de esta uva hace cincuenta años. Desde entonces, han diversificado su producción y ahora cultivan catorce variedades diferentes, con las que abastecen de granos perfectamente redondos y firmes a mercados locales y a tiendas de frutas de calidad. Por su parte, Sheichiro Ito cultiva una variedad de frutas que maduran o bien en invernaderos o bien en árboles frutales perfectamente alineados, entre los cuales pasea con placer.

«La tierra nos da mucho y el clima también nos ayuda. Basta con observar la naturaleza para tener éxito con las variedades adecuadas y conseguir la cantidad suficiente. Hay que prestar atención al ritmo de las estaciones, pero también a sus infinitas variaciones», explica el arboricultor que trabaja sus parcelas de manera sostenible. Sheichiro Ito cultiva fresas entre principios de enero y mediados de mayo; las moras toman el relevo a partir de julio, seguidas de cerca por los melocotones y las uvas.

Con el final del verano llegan las peras, que adornan las ramas de los árboles desde principios de agosto hasta finales de octubre. Los caquis, deliciosos a partir de mediados de octubre, cierran el año. «La tierra es rica en nutrientes, pero también es arenosa, lo que nos permite obtener frutas ligeramente ácidas pero ricas en azúcares. Y no usamos pesticidas; nos adaptamos a lo que la naturaleza nos ofrece, sin más», aclara Ito-san, que utiliza flores y plantas aromáticas para alejar a los insectos y plagas de sus cultivos. Vende la mayoría del fruto de su trabajo en el mercado varias veces por semana, pero también instala a diario parte de su producción frente a sus tierras. Dispone la fruta en un pequeño expositor de madera sobre el que coloca una hucha en la que los clientes depositan la cantidad exacta tras la compra.

SOMETERSE A LA VOLUNTAD DE LA NATURALEZA

Dirijámonos ahora hacia el sur de la isla, en los alrededores de Kagoshima, apodada la «Nápoles de Oriente» por su proximidad inmediata a un volcán imponente y aún activo. El cráter del monte Sakurajima está a solo ocho kilómetros de la ciudad y arroja, casi a diario, un humo grisáceo, unas veces en espirales y otras en penachos. Una situación que obliga a los agricultores a cobijarse regularmente bajo refugios de hormigón que los protegen de las cenizas cuando la actividad se intensifica. Esta es la tierra del *daikon*, un rábano de gran raíz blanca que aquí alcanza proporciones que desafían toda competencia: los ejemplares más grandes alcanzan los 30 kg y reciben el nombre de *shimadekon*. «Vivir con el humo o las cenizas del volcán no siempre es fácil, pero los efectos positivos del Sakurajima se hacen notar en nuestros productos», cuenta el señor Nakamura, uno de los horticultores de la zona. «Nuestros rábanos *daikon* tienen un sabor incomparable: notas ahumadas, a la vez que dulces e intensas, en un cuerpo firme y de textura suave.» Kagoshima y, en términos más generales, todo el extremo sur de Kyushu, donde se alzan volcanes como el monte Kaimon, cuya forma piramidal recuerda al icónico monte Fuji, es el lugar ideal para cultivar cítricos como el yuzu o el *mikan*, una especie de mandarina dulce y azucarada que es la fruta invernal por excelencia en Japón. «Los volcanes nos dan fuerza gracias a los alimentos que nos ayudan a cultivar en la isla», reflexiona Nakamura-san antes de concluir: «la convivencia es incierta, aunque sabemos que ellos lo deciden todo. Nosotros solo nos podemos someter a la voluntad de la naturaleza». ▬

KYUSHU, TIERRA DE VOLCANES

Japón cuenta con el 10 % de los volcanes activos del planeta, mientras que la isla de Kyushu se formó después de una erupción volcánica y, sobre todo, por la subducción (cuando una placa tectónica se desliza debajo de otra) de la placa filipina bajo la placa euroasiática. Ahora cuenta con nueve sistemas volcánicos activos, entre ellos los dos más activos del mundo: el monte Aso y el volcán Sakurajima.

| | Dificultad ●○○ | 4 raciones | Preparación: 5 min Cocción: 2 h |

yakiimo

4 boniatos japoneses

La calidad y el tipo de boniato elegido son cruciales en esta receta. Elije una variedad japonesa, firme pero fundente y dulce, casi melosa. Es una merienda muy popular en Japón.

Preparación

Lava los boniatos y corta los extremos. No los seques y mantenlos húmedos.

Envuélvelos por separado en papel de aluminio, que habrás arrugado un poco previamente. No aprietes demasiado y deja una capa de aire para facilitar la cocción.

Asa los boniatos en el horno a 140 °C (t. 4-5) durante 90-120 min, en función del tamaño que tengan.

La cocción habrá terminado cuando, al pinchar con una brocheta de bambú, esta llegue al centro con facilidad.

Sirve los boniatos calientes o fríos y, a ser posible, con la piel.

karashi renkon

1 raíz de loto (*renkon*) (unos 700 g)

100 g de harina panificable T45

80 g de pan fresco rallado

2 cdtas. de vinagre de arroz

100 ml de agua

80 g de mirin

160 g de miso

1 cda. de mostaza japonesa

1 cda. de cúrcuma

300-500 ml de aceite para freír

Preparación

Lava y pela la raíz de loto y corta los extremos.

En una cazuela con agua, pon el vinagre y lleva a ebullición. Añade la raíz de loto y cuece durante 4-5 min. Sácala del agua y deposítala en un colador, para que se escurra.

Mezcla el pan rallado, el mirin, el miso y la mostaza y rellena con la mezcla los agujeros de la raíz de loto.

Envuelve la raíz de loto con papel film y deja reposar 5-6 h.

Retira el exceso de la masa de mostaza y espolvorea con harina la raíz de loto.

Ahora, mezcla la harina, la cúrcuma y el agua. Unta en esta masa el loto enharinado y fríelo a 170 °C (t. 5-6). Dale la vuelta de vez en cuando, hasta que se haya dorado.

Corta el *renkon* en rodajas de aproximadamente 1 cm de grosor. Sírvelo frío y aliñado con salsa de soja o mayonesa.

kimpira gobo

300 g de bardana (gobo)
⅓ de guindilla seca
2 cdas. de aceite de sésamo
1 cda. de sake
½ cda. de azúcar moreno
1 cda. de salsa de soja

Preparación

Lava la bardana y córtala en una juliana fina. Ponla en remojo durante 10 min en un bol de agua, para eliminar el amargor. Escúrrela.

Calienta en una sartén el aceite de sésamo y la guindilla seca cortada en rodajas. Pocha la bardana.

Una vez esté tierna, añade el sake, el azúcar moreno y la salsa de soja. Sigue salteando durante 5 min. Sirve caliente o frío como primer plato, como acompañamiento con arroz o como un aperitivo.

Los *yatai*, una institución de Fukuoka

Estos puestos de cocina callejera donde se come sobre la marcha salpican algunos de los barrios de la metrópolis de Kyushu. Antaño presentes en todo el archipiélago, Fukuoka es ahora su último bastión.

Son casi las cinco de la tarde en Fukuoka. Si nos detenemos unos instantes cerca de la salida de la estación de metro de Tenjin, al oeste de la ciudad, veremos cómo ante nosotros se despliega una coreografía cuidadosamente orquestada. Los transeúntes atentos ven cómo se aproximan por aquí y por allá unos extraños montones de madera tirados por bicicletas, motocicletas o furgonetas diminutas. A las cinco en punto, cada uno de estos peculiares navíos echa el ancla en un lugar concreto de la acera. Lo que parecía un entramado de tablas resulta ser, en realidad, una especie de ingenioso cofre que alberga en su interior un restaurante en miniatura.

Masami Ataka repite el mismo proceso de lunes a sábado desde 1987. En apenas un cuarto de hora ha desplegado su puesto y, ahora, frente nosotros hay una cocina en miniatura, con una bombona de gas, un grifo y un frigorífico minúsculo; también hay un mostrador de madera rodeado de taburetes con capacidad para entre ocho y diez clientes. Todo ello rodeado de una lona transparente que protege a los comensales de la lluvia y el viento. Y no olvidemos la guirnalda de luces que aporta el toque final al establecimiento efímero. En esta economía del espacio no tienen cabida ni las imprecisiones ni la dispersión: aquí, todo tiene un lugar preciso y todos los espacios está optimizados. Es una organización milimetrada que impera en todos estos restaurantes tan singulares.

UN MUNDO EN PELIGRO DE EXTINCIÓN

El cada vez más reducido mundo de los *yatai* tiene su ritmo, sus costumbres y sus códigos.

En 2020, cuando se llevó a cabo el último censo, los 103 *yatai* de Fukuoka se concentraban en tres barrios: Tenjin, Nakasu y Nagahama. Por comparar, a mediados de la década de 1960, la edad de oro de estos restaurantes ambulantes, la ciudad

«Muy pronto, los yatai se convierten casi en una familia extendida.»

contaba con más de 400. Determinar el origen de estos puestos exige que nos remontemos a los siglos V o VI. Entonces, los cocineros locales instalaban puestos en la calle para alimentar a los peregrinos que se dirigían a los santuarios y a los templos. De todos modos, las características de lo que hoy son los *yatai* se empezaron a definir durante el período Edo (1603-1867). Los daimios, o señores feudales japoneses, viajaban a la capital imperial cada vez con más frecuencia y se hacían acompañar de cocineros para disfrutar de las especialidades de las regiones que cruzaban durante el trayecto. A partir del siglo XIX, los restaurantes móviles arraigaron en el territorio y se convirtieron en el punto de encuentro de los trabajadores urbanos, encantados de encontrar allí algo que comer sobre la marcha.

El final de la Segunda Guerra Mundial causó la primera crisis en este microcosmos de comida rápida. Tras la ocupación estadounidense, se impuso el racionamiento de alimentos y los propietarios de *yatai* se vieron obligados a guardar sus tablas de madera. Entonces, surgió una red paralela.

Los *yatai* pasaron al mercado negro, liderados principalmente por inmigrantes de los territorios ocupados por Japón, como Corea del Sur o Taiwán. A pesar de que su número se redujo, estos restaurantes en miniatura lograron sobrevivir, sobre todo en Fukuoka, donde, a partir de 1950, los propietarios se asociaron en un intento de defender sus derechos.

La celebración de los Juegos Olímpicos en Japón asestó otro golpe a los *yatai* en 1964. Como el archipiélago quería demostrar al mundo el poder y la competitividad que había recuperado, el gobierno de Tokio decidió hacer limpieza para esta gran cita deportiva. Se entendió que los *yatai* no representaban la flamante y reluciente identidad japonesa y, con sus lonas y paneles de madera, las conversaciones ruidosas, el alcohol y una higiene supuestamente no impecable, fueron víctimas de la operación de limpieza. No se necesitaba mucho más para condenar a estos restaurantes a una muerte segura.

Sin embargo, en Kyushu se organizó un movimiento de resistencia y, ahora, Fukuoka es la ciudad emblemática de esta comida callejera. «Todavía quedan algunos *yatai* en Tokio y en otras grandes ciudades de Japón, pero suelen aparecer solo durante los *matsuri* [festivales, la mayoría en verano]», explica Masami Ataka, propietario de uno de estos restaurantes. «En Fukuoka abrimos, tanto si hay festivales como si no.»

UNA NORMATIVA MUY ESTRICTA

- Los *yatai* se pueden instalar en las aceras de Fukuoka entre las cinco de la tarde y las cuatro de la mañana.
- Se les asigna un lugar específico, que no puede exceder los 5 m².
- No pueden servir alimentos crudos ni platos para llevar.
- Desde 1995, el fondo de comercio solo se puede transmitir a los descendientes o al cónyuge.
- Está prohibido instalar los *yatai* si llueve o hace demasiado viento.

FORJAR VÍNCULOS

Ya son las cinco y media y el restaurante está montado. Masami coloca las botellas de sake en el mostrador y enciende el hornillo de gas, sobre el que coloca una gran olla de *oden*, una reconfortante sopa preparada con col, tofu y tortas de pescado, su especialidad. «Cierro el *yatai* hacia la una de la madrugada, a veces incluso un poco más tarde en verano. A las diez de la mañana del día siguiente ya estoy en el mercado comprando los productos que voy a usar en los distintos platos. Luego preparo los caldos para el ramen, pero también para el *oden*; así, una vez instalado, solo me tengo que preocupar de cocer los fideos. A las cuatro de la tarde, salgo a la carretera para venir aquí», dice.

En la otra acera, las brochetas de pollo ya se doran en la parrilla mientras Yoshinobu Nishida y su esposa Junko conversan con sus clientes. La pareja está a la cabeza de Nanshiyohtoya desde 1989. «¡Es lo que nos decimos en el dialecto de Hakata [un barrio de Fukuoka] cuando nos encontramos por la calle!», explica Yoshinobu. El menú está escrito con rotulador en tiras de papel clavadas sobre la estructura de madera.

¿Su especialidad? Brochetas de todo tipo: de vísceras, de pollo, de champiñones, de salchichas, de pimiento... En el mostrador, Iro, un baterista de Tokio, se sienta junto a su amigo Oga, que tiene una tienda de discos en Fukuoka. «Yoshinobu y Junko son los padres de un amigo mío de la infancia. Cuando vienen amigos de Tokio u Osaka, venimos aquí porque es barato y, sobre todo, porque está buenísimo», explica Oga, con un cigarrillo en la boca y los brazos cubiertos de tatuajes. A su lado, una pareja de turistas japoneses provenientes de Hiroshima se sienta por primera vez en un establecimiento de este tipo. «Habíamos oído hablar de ello y lo queríamos probar. Está muy bueno y el ambiente es muy especial, ¡estamos en plena calle!», dice Ibiki, que se dispone a disfrutar de una tortilla con *negi*, una cebolleta japonesa.

En la avenida perpendicular, la risa burbujeante de Junko Shiraishi atraviesa la noche, que ha caído ya. Hace 36 años que ella y su esposo Kouki tienen un *yatai* donde se congrega una clientela de asalariados agotados a quienes los vasos de sake reaniman rápidamente. Hay siete, uno junto a otro; algunos conversan mientras otros fijan la mirada en el partido de béisbol que transmite un pequeño televisor. En medio de todo esto, Junko les sirve y habla con ellos. «Al final, después de tantos años, llegamos a conocer sus hábitos», cuenta Kouki, palillos en mano. «Al principio, los *yatai* son historias de cocina en solitario o en pareja, pero muy pronto se convierten casi en una familia extendida». ▬

yakitori

- 3 contramuslos de pollo (unos 400 g de carne)
- 2 puerros finos o cebolletas
- 1 cda. de sake
- 1 pizca de sal y pimienta

<u>Salsa yakitori</u>

- 4 cdas. de salsa de soja
- 2 cdas. de mirin
- 1 cda. de azúcar
- 1 cda. sopera de miel

Preparación

Mezcla los ingredientes de la salsa *yakitori* en un cazo pequeño y mantén la mezcla a fuego medio hasta que se reduzca. La salsa está lista.

Deshuesa los contramuslos y córtalos en dados de unos 3 cm.

Salpimienta la carne y añade el sake. Remueve, amasa y deja marinar.

Corta la parte blanca del puerro o de la cebolleta en trozos de 3 cm.

Ensarta la carne marinada en brochetas, intercalando un trozo de puerro entre trozo y trozo de carne. Para garantizar una cocción uniforme, dispón la brocheta sobre una tabla y comprueba que los trozos de carne queden planos y rectos.

Pasa las brochetas a una sartén y hazlas 2 min por cada lado. Baja el fuego. Vierte la salsa poco a poco por encima y termina la cocción sin que se queme nada.

Sirve las brochetas acompañadas de un bol de arroz o de sopa.

yakisoba

- 2 raciones de fideos para yakisoba
- 100 g de panceta de cerdo en lonchas finas
- 4 hojas grandes de choudou o de col blanca
- ½ zanahoria
- 100 g de brotes de soja
- 50 ml de agua hirviendo
- 70 ml de salsa Worcestershire (+ 4 cdas. de kétchup si la salsa Worcestershire no es japonesa)
- 2 cdas. de aceite vegetal
- 1 cdta. de salsa de soja
- 1 pizca de sal y pimienta
- Jengibre rojo marinado (opcional)
- Alga *aonori* en polvo (opcional)

Preparación

Fideos

Puedes encontrar fideos para yakisoba, o fideos chinos, en las tiendas. Prepáralos siguiendo las instrucciones del fabricante.

Corta la panceta en tiras finas, la col groseramente en dados, la zanahoria en rodajas finas y luego en medialunas y enjuaga los brotes de soja.

Vierte el aceite en una sartén grande o en un wok muy caliente. Saltea la panceta y luego la zanahoria, la col y los brotes de soja.

Añade los fideos una vez se hayan hecho todos los ingredientes. Saltea y, si es necesario, añade 50 ml de agua hirviendo. Añade las salsas y salpimienta. Sirve caliente con los condimentos.

oden

1 rábano daikon (blanco)
300 g de patatas
4 huevos
1 *konnyaku*
4 pasteles de pescado (a elegir: *chikuwa*, *satsumaage*, *hanpen*, etc.)

Caldo

1,5 l de caldo *dashi katsuobushi* (o 1,5 l de agua + 20 g del dashi liofilizado de tu elección)
60 ml de salsa de soja
60 ml de mirin
1 cda. de azúcar
½ cda. de sal

Preparación

Pela el rábano daikon y córtalo en rodajas de unos 3 cm de grosor. Cuécelo en agua durante unos 20 min o hasta que esté tierno (a poder ser, en agua donde antes hayas enjuagado arroz; de no ser así, añade una cucharada de arroz crudo al agua de cocción).

Cuece los huevos (duros) y pélalos.

Cuece las patatas, peladas y cortadas en trozos grandes.

Corta el *konnyaku* en cuatro trozos y luego en diagonal, de modo que obtengas trozos triangulares.

Sala el *konnyaku* y déjalo reposar durante 5 min. Cuécelo durante 1 min en agua hirviendo.

Corta los pasteles de pescado a tu gusto y retira el exceso de grasa vertiéndoles agua caliente por encima.

Prepara el caldo y condiméntalo al gusto.

Mete en el caldo el rábano, las patatas, los huevos duros y el *konnyaku*. Mantén a fuego bajo durante unos 50 min.

Añade el pastel de pescado en trozos y prolonga la cocción 15 min.

Tras la cocción, deja que el caldo se enfríe para que los ingredientes lo absorban.

Vuelve a calentar el caldo antes de servirlo acompañado de mostaza japonesa o de *yuzu kosho*.

La fruta, el lujoso placer de los japoneses

La fruta no se suele consumir a diario en el archipiélago nipón, donde es, sobre todo, un objeto de regalo. Se trata de una costumbre tan original como cara.

Aquí están, anidadas en sus estuches de madera o de papel y protegidas de las manos curiosas por vitrinas de cristales impolutos. Desde fuera, cabría pensar que es una tienda de artículos de lujo o una joyería; sin embargo, los mostradores no albergan ni bolsos ni diamantes, sino fruta. Estamos en Sembikiya, proveedor emblemático de frutas japonesas de gama alta y cuyo prestigio se mantiene desde 1834. Melones, fresas, cerezas, uvas o sandías están perfectamente alineados y lucen con orgullo sus formas perfectas. Son ejemplares carnosos y sin el más mínimo defecto. Es como si todas hubieran salido de un molde divino, porque su forma es tan perfecta que parece sobrenatural, y los melones vienen envueltos en una piel que parece de encaje. Por supuesto, tamaña excelencia tiene un precio. Aquí, las fresas cuestan más de cuatro euros cada una, lo mismo que las cerezas, y los melones no bajan de los cien euros. A pesar de ello, la tienda, que cuenta con varias sucursales en Tokio, recibe clientes sin parar. En Japón, la fruta no es un alimento común y, aunque algunas son relativamente baratas en el supermercado, los japoneses apenas consumen fruta a diario. Aquí, es un regalo de lujo que se ofrece en ocasiones muy especiales. Cerca del 80 % de los japoneses siguen esta costumbre.

EL SABOR DE LAS PRIMERAS FRUTAS DE LA TEMPORADA

Aunque cabría pensar que la tendencia hunde sus raíces en el período de crecimiento acelerado entre mediados de la década de 1950 y finales de la de 1980, lo cierto es que se remonta al siglo VIII. Entonces, las ofrendas frutales se usaban para cortejar, ofrecer tributos o establecer y mantener relaciones sociales, un hábito que se consolidó durante la época feudal. En el período Edo (1603-1867), cuando el clan Tokugawa accedió al poder, los comerciantes ricos competían por adquirir los primeros productos de la temporada, conocidos como *hashiri*. Se creía que sabían mejor y que incluso prologaban hasta los setenta y cinco años la esperanza de vida de quienes los probaban. Todo el mundo jugaba a este juego: los samuráis ofrecían mandarinas o melones a sus sogunes como muestra de lealtad, mientras que, por su parte, los agricultores regalaban frutas a sus vecinos para que, a cambio, los ayudaran a cosechar sus campos.

Estos regalos de frutas eran y son más que meros obsequios: alimentan todo un sistema que combina la alegría de dar con las expectativas y las supuestas deudas. Aunque al principio se ofrecían a los dioses y a los antepasados dos veces al año para honrarlos, las frutas intercambiadas entre simples mortales tienen dos significados básicos. «En primer lugar, los japoneses se centran en el valor económico del regalo, que simboliza el valor que el donante otorga a la relación con la persona a quien se ofrece el regalo o lo que espera de ella», explica Eric Rath, profesor de historia japonesa en la Universidad de Kansas y especialista en cultura culinaria japonesa. «En segundo lugar, la comida demuestra la conciencia de la estacionalidad y ofrece al donante una forma de demostrar que conoce las reglas estéticas importantes para las diferentes formas de expresión artística, especialmente la poesía».

REGALOS ALIMENTICIOS DE LUJO

En Japón, hay muchos eventos en los que es costumbre ofrecer regalos y, sobre todo, fruta. «Los regalos son un sector de actividad muy importante en Japón. Los japoneses ofrecen regalos *oseibo*, o de «fin de año» en diciembre, antes del Año Nuevo, y *chugen*, en junio-julio durante el O Bon[1]», añade Eric Rath. «Pero eso no es todo; también es costumbre llevar un regalo *temiyage* cuando se visita a alguien u *omiyage* (cuando se regresa de un viaje) a familiares, amigos o compañeros de trabajo.» Aquí es donde encuentran su público estos negocios especializados en frutas de gama alta para regalar. «El melón cantalupo y las uvas Font son algunos de los regalos alimenticios más apreciados, pero hay otros. Todo lo que sea lujoso sirve. Por ejemplo, no se regala una docena de manzanas, sino una docena de variedades tradicionales de manzana procedentes de un pueblo de Aomori y ofrecidas en una caja artesanal de madera», precisa el historiador. Pero ¿cómo logra Sembikiya, la famosa tienda de frutas, ofrecer a sus clientes frutas tan perfectas? Este trabajo de orfebre es responsabilidad de la familia Oshima, que está al frente de Sembikiya desde 1834, cuando Benzo Oshima abrió un puesto en pleno barrio de Nihonbashi para vender frutas a bajo precio. Tokio, que entonces aún se llamaba Edo, estaba atravesado por canales que llevaban la mercancía al corazón de la capital nipona. Muy pronto, la familia Oshima decidió cambiar de estrategia y ofrecer productos más lujosos. Seleccionaron a los mejores productores de frutas y, a partir de entonces, solo trataron con ellos, en una política que sigue vigente desde

---

[1] Festival budista japonés que honra a los espíritus de los antepasados.

hace casi dos siglos. Sembikiya hace negocios con horticultores selectos y especializados en estas frutas de lujo.

UNA SELECCIÓN IMPLACABLE

La selección de los célebres melones cantalupo, que incluso tienen un programa de televisión dedicado a ellos durante las primeras cosechas, es implacable: las semillas se plantan en invernaderos, las flores más delgadas se eliminan y el resto son polinizadas a mano por los agricultores. A los pies solo queda un melón, el más bello, que se beneficia de todos los nutrientes de la planta. Entonces, se le ata una pequeña cuerda alrededor del tallo para evitar una caída fatal que echaría a perder su esfericidad e incluso se lo protege del sol con sombreritos cónicos. Cuando madura, se cosecha y se clasifica según su tamaño, forma, suavidad y aroma. Los mejores son los melones Fuji, que representan solo el 3 % de la cosecha. Melones, uvas, fresas y caquis viajan entonces desde las provincias japonesas hasta el mercado Ota de Tokio, donde los intermediarios seleccionan los mejores de los mejores y los sirven a diario a Sembikiya.

Estas prácticas se podrían cuestionar en un momento en que se lucha contra el derroche y por la protección de los recursos, sin embargo no parece que haya cambios a la vista. Lo demuestra la primera subasta de 2022, donde las famosas frutas *hashiri* se vendieron a precios astronómicos: en mayo de 2022, dos melones se adjudicaron por tres millones de yenes el par, es decir, un poco más de 20 700 euros. Estas pequeñas joyas comestibles aún tienen días prósperos por delante. ▬

sando de fruta

- 6 rebanadas de pan de molde
- 9 fresas sin el cáliz
- 9 dados de piña de 2 × 2 cm de lado
- 2 kiwis pelados y cortados longitudinalmente en cuatro (también puedes usar plátano, uvas blancas, nectarinas...)
- 200 ml de nata líquida entera
- 20 g de azúcar

Preparación

Mete el bol, las varillas del robot de cocina y la nata líquida en el congelador durante 10 min.

Corta y prepara la fruta como se indica en la lista de ingredientes.

Saca el bol, la nata y las varillas del congelador. Vierte la nata en el bol, añade la mitad del azúcar y bate. Añade el resto del azúcar cuando la nata se empiece a montar. Sigue batiendo hasta que obtengas una nata montada bastante firme.

Deposita sobre tres rebanadas de pan de molde una capa generosa de nata montada (la mitad de toda la que tengas) y extiéndela de manera homogénea, pero sin llegar al borde, para que no se salga cuando cierres el *sando*.

Ahora dibuja una X sobre la nata con la fruta troceada. Puedes hacer un *sando* de fresa, un *sando* de kiwi y un *sando* de piña. O puedes mezclar las tres frutas en un mismo bocadillo.

Cubre la fruta con el resto de la nata y cierra los *sandos* con las tres rebanadas de pan que quedan.

Envuelve los *sandos* en papel film y déjalos reposar 1 h en el frigorífico.

Recorta las cortezas de pan (opcional) y corta los *sandos* en cuatro, siguiendo las diagonales que has trazado con la fruta, de modo que obtengas cuatro triángulos iguales. Sirve los *sandos* fríos.

salsa ponzu

- 100-250 ml de zumo de yuzu (o de otro cítrico) exprimido
- 200 ml de mirin
- 150 ml de salsa de soja
- 100 ml de vinagre de arroz
- 1 hoja de alga kombu seca de 10 × 10 cm

Preparación

Vierte en un cazo el mirin, la salsa de soja y el vinagre.

Lleva a ebulición y hierve unos 30 segundos. Apaga el fuego y añade el alga kombu. Deja que se enfríe.

Añade el zumo de cítrico. Deja infusionar el alga kombu en la salsa durante toda 1 noche.

Al día siguiente, retira el alga kombu y vierte la salsa en una botella u otro recipiente limpio.

La salsa se conservará en el frigorífico durante un mes. El alga kombu se puede comer.

castella de kyushu

Dificultad ●●●
2 raciones
Preparación: 20 min
Cocción: 1 h 10 min

400 g de huevos (6-7 huevos)
2 yemas de huevo
200 g de harina
400 g de azúcar
40 g de miel
30 g de sirope de almidón
90 ml de agua

Preparación

Precalienta el horno a 170 °C (t. 5-6).

Forra con papel vegetal un molde rectangular (18 × 26 × 8 cm o 2 moldes de *plum cake*).

Pesa todos los ingredientes.

En un bol grande al baño maría, bate los huevos, las yemas de huevo, el azúcar, la miel y el sirope de almidón y bate la masa a punto de cinta. Saca el bol del baño maría.

Añade el agua, remueve, añade poco a poco la harina tamizada e intégrala en la masa mientras la remueves trazando surcos con la espátula.

Vierte la masa en el molde. Hornea a 170 °C (t. 5-6).

Al cabo de 1 min de cocción, saca el molde del horno y rompe ligeramente la superficie con ayuda de una espátula de madera, para romper la corteza y las burbujas que se formen en la superficie.

Vuelve a meter el molde en el horno.

Al cabo de 1 min, saca el molde del horno y haz una pequeña incisión en el centro de la preparación para eliminar las burbujas que aparezcan. Inserta una espátula a 3 cm de profundidad y dibuja poco a poco tres «S» con ella.

Vuelve a meter el molde en el horno. Sigue horneando a 170 °C (t. 5-6) durante 30 min.

Tapa el molde o ponle una bandeja de horno encima. Baja la temperatura a 150 °C (t. 5) y cuece durante 30-35 min más.

Saca el molde del horno y tapa el *castella* con una hoja de papel vegetal, para evitar que se seque. Desmolda y deja enfriar. Córtalo en lonchas gruesas y sírvelo frío.

yuzu kosho

10 yuzu verdes (unos 500 g)
10 chiles verdes frescos (unos 65 g)
30 g de sal gruesa

Los yuzu se cosechan verdes en agosto y amarillos en noviembre. Lo mismo sucede con los chiles, que son verdes en verano y se vuelven rojos hacia el final de la temporada. Por lo tanto, si queremos un yuzu muy verde y fresco, es importante prepararlo en verano. El *yuzu kosho* de otoño será más anaranjado, untuoso y dulce.

Preparación

Lava los yuzu verdes. Sécalos y ralla la piel. Asegúrate de rallar solo la parte verde, porque la blanca es amarga. Retira con un cuchillo los trocitos verdes que queden sobre la piel y córtalos muy finos.

Corta los yuzu por la mitad y exprímelos en un vaso aparte. Filtra el zumo con ayuda de un colador para eliminar las pepitas y la pulpa. Resérvalo.

Ponte guantes de cocina para protegerte las manos y prepara los chiles verdes: corta y desecha los pedúnculos y pica los chiles muy pequeños. No es necesario que retires las pepitas.

Deposita el chile picado en un mortero y májalo suavemente con una mano de mortero.

Añade al mortero la piel de yuzu rallada y la sal. Remueve con la mano de mortero.

Maja con la mano de mortero hasta que obtengas la textura deseada. Si la mezcla queda demasiado seca y se desmenuza, añade un poco de agua.

El *yuzu kosho* se conservará durante 3 meses en el frigorífico.

Fideos de distintos tipos

Soba, udon y ramen. La santísima trinidad de los fideos japoneses. Tanto si se engullen *tsuru-tsuru* con un rápido «fsst» como si se saborean para apreciar el aroma y el *nopogoshi*, es decir, «la sensación del fideo al pasar por la garganta», los fideos son un elemento esencial de la comida japonesa.

SOBA
El fideo soba aparece en el Japón del periodo Edo. Se elabora con harina de alforfón (soba en japonés) y agua, aunque se puede añadir harina de trigo a la masa para que trabajarla sea más fácil. Hay tres tipos de fideos soba según su contenido en harina de trigo: *juwari* o *towari* para los que se elaboran con 100 % de harina de alforfón; *sotonihashi* para los que contienen aproximadamente un 17 % de harina de trigo; y *nihachi*, que contienen un 20 %. Si los fideos soba se toman fríos, reciben el nombre de *zaru soba* y se acompañan de algas secas, cebollas pequeñas y salsa *tsuyu* (salsa de soja, azúcar, mirin y caldo dashi). También se pueden servir calientes, en un caldo.

La costumbre dicta que, en la noche de fin de año, la familia comparta *toshikoshi soba*, un plato de soba que se cree que augura una larga vida a quienes lo consumen. Otra tradición consiste en regalar *hikkoshi soba* a los nuevos vecinos durante una mudanza.

UDON
Los udon son fideos suaves hechos con harina de trigo, agua y sal y, normalmente, se sirven en un caldo sencillo a base de dashi. Con un grosor de 2-4 mm, son más densos que los fideos de alforfón y pueden ser planos o redondos.

Los fideos udon se empezaron a vender en puestos especializados a partir del siglo XVII y se consumen en todo Japón, aunque son particularmente populares en el sur del país, desde la isla de Shikoku hasta Kyushu, pasando por Osaka, a diferencia de los fideos soba, que son más populares en el este del país y sobre todo en Kanto, una re-

DATO RÁPIDO

LOS FIDEOS INSTANTÁNEOS, UNA CREACIÓN *MADE IN JAPAN*

¡En 2021 se vendieron ciento dieciocho mil millones de porciones! Los fideos instantáneos, ya vengan en un paquete o en un tazón que sirve como bol, han conquistado los estómagos de todo el mundo. Según la Asociación Mundial de Fideos Instantáneos, China, Indonesia y Vietnam son los tres consumidores principales, mientras que Japón ocupa la quinta posición, Francia la trigésimo octava y España la cuadragésima. Sin embargo, debemos a un japonés, Ando Momofuku, la invención de estos fideos a los que solo hay que añadir un poco de agua caliente para poder disfrutarlos en cualquier momento del día y en casi cualquier lugar.

Tardó varios años en perfeccionar su receta en el taller que había montado en el patio de su casa. Por fin lo consiguió cuando tenía cuarenta y ocho años y después de haber comenzado su vida profesional como vendedor de suéteres, de dos estancias en prisión y de una quiebra: en 1958, sus famosos Chicken Ramen invadieron los estantes de las tiendas. Pero eso no fue el final ni mucho menos. En 1971, lanzó los primeros Cup Noodles envasados en una taza que simplificaba aún más su consumo: ya no había que tener un bol ni ningún otro recipiente para poder almorzar o cenar. El producto se bastaba por sí mismo. La imaginación y la ambición de Ando Momofuku no conocían límites y consiguió que sus fideos instantáneos viajaran... al espacio. Desarrolló un caldo más espeso que resistiera la ausencia de gravedad y, así, los «Space ramen» acompañaron al astronauta japonés Noguchi Soichi en julio de 2005 en el transbordador espacial estadounidense Discovery.

gión tokiota. Al igual que los fideos soba, los fideos udon se pueden disfrutar calientes o fríos.

RAMEN

Aunque el ramen es un plato emblemático de Japón en el extranjero, se trata de un plato de origen chino: «ramen» es la pronunciación japonesa de un plato que en chino se llama «lamian». Estos fideos de harina de trigo cruzaron las fronteras del archipiélago a principios del siglo XX, sobre todo por Yokohama, un gran puerto comercial donde abrió sus puertas una de las primeras tiendas que vendieron estos fideos servidos en un caldo con brotes de bambú, medio huevo duro y una loncha de cerdo asado.

Los ramen se integraron definitivamente en la cultura japonesa después de la Segunda Guerra Mundial, cuando Estados Unidos exportó su excedente de trigo a Japón. En pocas décadas, el país se había apropiado del plato y nadie recordaba que había llegado al archipiélago de la mano de trabajadores inmigrantes chinos. El ramen, ahora adaptado a los gustos japoneses, se disfruta tanto en puestos ambulantes como en restaurantes o comedores escolares.

Aunque hay cuatro tipos principales de ramen (*shio ramen*, con sal; *miso ramen*, a base de soja fermentada; *shoyu ramen*, con salsa de soja, y *tonkotsu ramen*, con caldo hecho a base de cerdo), cada región japonesa ha desarrollado «su» receta con ingredientes locales. ●

北海道 HOKKAIDO

El dashi, el caldo
más japonés ——————————— 192

Hokkaido: ¿corre peligro
la pesca en Japón? ——————————— 207

La cultura culinaria ainu es
un tesoro que hay que proteger ——— 219

Las algas japonesas ——————————— 230

Umami, el quinto sabor
que ha conquistado el mundo ——— 234

El dashi, el caldo más japonés

Además de una base imprescindible de la cultura culinaria japonesa, este caldo elaborado con alga kombu y bonito seco es también uno de los ingredientes clave de la temible gastrodiplomacia nipona.

WASHOKU, UNA DEFINICIÓN AMBIGUA

El término *washoku* va más allá de alimentos concretos o de cocinas específicas. Según el gobierno japonés, se caracteriza por la suma de cuatro criterios generales que son:

- El uso de distintos ingredientes frescos cuyos sabores naturales se conserван.
- Una alimentación equilibrada y saludable.
- Realce de la belleza de la naturaleza en el plato.
- Conexión con festivales y eventos anuales.

¿Qué tienen en común el *okonomiyaki*, la sopa de miso y los fideos soba? Todos estos platos, que son tan diferentes entre sí como emblemáticos de la cocina japonesa, contienen un mismo ingrediente indispensable: el caldo dashi. Se prepara con algas kombu y bonito seco, o *katsuobushi*. El alga, rica en ácido glutámico, y el bonito, rico en ácido inosínico, lo convierten en una bomba de umami, ese quinto sabor japonés que hace la boca agua.

LA CLAVE DEL WASHOKU

Este caldo es el epítome del «sabor japonés» y forma parte de la santa trinidad del *washoku*, una comida «armada en torno a una base de arroz a la que se añaden un caldo y tres acompañamientos, según el principio del *ichiju sansai*», como explica el sitio web del Ministerio de Agricultura, Silvicultura y Pesca de Japón.

Aunque se podría pensar que la palabra se remonta a varios siglos atrás, el término *washoku* es relativamente reciente y surgió durante el periodo Meiji (1868-1912) como contraposición a los *yoshoku*, los nuevos platos introducidos en el archipiélago tras la apertura forzada de Japón a Occidente. El caldo dashi, al igual que los *wagashi*, unos dulces tradicionales, forma parte del patrimonio cultural inmaterial de la Unesco desde 2013.

UN NOMBRE PARA VARIOS CALDOS

Sin embargo, el dashi no es una preparación monolítica. Si bien su versión principal y más habitual se elabora con algas y bonito, a veces se le añaden setas shiitake deshidratadas o *niboshi*, unas sardinillas. Eso sí, hay una constante: todos los ingredientes del dashi son secos y nunca se le agrega grasa.

Estas son las variantes principales de esta receta de caldo.

Kelp dashi
Se prepara cociendo el alga kombu seca en agua a 60 °C durante aproximadamente una hora. Así se obtiene un dashi ligero, vegetariano y con un suave sabor a yodo.

Ichiban dashi
Una vez retirada el alga kombu del *kelp dashi* que acabamos de ver, se calienta agua y se apaga el fuego justo antes de que rompa a hervir. Entonces, se añaden virutas de bonito seco y se espera a que desciendan poco a poco en el fondo de la cacerola. Entonces, se filtra la preparación. Así acabamos de obtener lo que se conoce como «primer dashi».

Niban dashi
En una cacerola, se calienta durante 15-20 minutos agua con alga kombu y las virutas de bonito seco utilizadas en la elaboración del «primer dashi». Solo queda filtrar la preparación obtenida. El *niban dashi* tiene un intenso sabor umami y se suele usar en la elaboración de guisos o salteados de verduras.

Iriko dashi
Este caldo se prepara con *niboshi*, unas sardinillas deshidratadas que le otorgan un intenso sabor a pescado. Primero se rehidratan las sardinillas y luego se meten en el agua. El caldo se calienta y se deja hervir a fuego lento durante unos 10-15 minutos.

Shojin dashi
Este dashi vegetariano se elabora con setas shiitake deshidratadas, que se dejan en remojo durante cinco horas antes de comenzar la cocción. Luego se añaden el alga el kombu y el *kiriboshi daikon*, un rábano blanco japonés seco, y se cuece al fuego a 60 °C durante 20 minutos. Es un dashi muy aromático que se suele usar en guisos de verduras o de pescado.

EL SABOR JAPONÉS SE EXPORTA

«El gobierno japonés es cada vez más consciente del atractivo cultural contemporáneo de Japón, que se ha convertido en una de las naciones más activas a la hora de aprovechar los recursos culturales para impulsar su influencia internacional», explica Felice Farina, investigador de la historia de Japón en la Universidad de Nápoles L'Orientale. «La comida desempeña un papel cada vez más importante en la promoción de la cultura japonesa en el extranjero y se ha convertido en uno de los elementos más característicos de su identidad nacional. Que la Unesco reconociera el *washoku* como patrimonio cultural inmaterial en el año 2013 es uno de los resultados más evidentes de esta estrategia.»

Esta cocina y este arte de vivir culinario se han convertido en la mejor arma de la «gastrodiplomacia» japonesa, un término inventado y teorizado por Paul Rockower, especialista en diplomacia pública. «Por supuesto, la gastrodiplomacia no se limita a la promoción de la cocina de un país en el extranjero», añade Felice Farina, «sino que es un medio para aumentar el atractivo y la deseabilidad de la cultura, del pueblo, de sus valores y de sus ideales con el objetivo de fortalecer la asociación de alimentos concretos con el país y de obtener resultados económicos, como la exportación de alimentos o el aumento del turismo». Parece que la estrategia de promoción de la cocina japonesa en el extranjero está dando fruto, ya que después de la inscripción del *washoku* en la lista del patrimonio mundial inmaterial de la Unesco, las exportaciones japonesas se dispararon hasta alcanzar alrededor de 920 mil millones de euros en 2020, en comparación con los aproximadamente 450 mil millones en 2012.

¿UN SABOR EN PELIGRO?

Sin embargo, el «sabor japonés», orgullo nacional y clave diplomática y comercial obtenido principalmente a través del caldo dashi, podría estar en peligro. El bonito, el pescado con el que se prepara, se ha vuelto cada vez más graso en los últimos años y el aumento de la masa grasa modifica su sabor. Según los expertos, esto se debe al aumento de la temperatura del agua. Esta ha aumentado en 2 °C desde 1970 en la bahía de Kochi, una de las principales zonas de pesca de bonito. Este calentamiento provoca la aparición de nuevas presas, atraídas por las corrientes más cálidas, que se convierten en una fuente adicional de alimento para los bonitos.

A esto se le suma otro fenómeno que también podría estar relacionado con el aumento de las temperaturas y que ha estudiado Hiroyuki Ukeda, agroinvestigador y vicepresidente de la Universidad de Kochi: «A más largo plazo, este calentamiento podría frenar el ascenso de agua rica en minerales a la superficie, lo que llevaría a una disminución del plancton y de los pequeños peces de los que se alimenta el bonito. Por lo tanto, la cantidad de bonito en las aguas de la bahía se reduciría significativamente por motivos mecánicos». ▪

ramen de sapporo

Fideos

- 400 g de harina de trigo panificable (T45 o T55, preferiblemente con un contenido en proteínas del 12 %)
- 160 ml de agua filtrada (40 % del peso de la harina)
- 4 g de sal (1 % del peso de la harina)
- 2 g de bicarbonato de sodio (0,5 % del peso de la harina)
- 2 g de bicarbonato de potasio (0,5 % del peso de la harina; si no encuentras bicarbonato de potasio, sustitúyelo por bicarbonato de sodio)
- 4-5 puñados de fécula de patata

Preparación

Fideos

Pesa todos los ingredientes con precisión. En un bol pequeño, vierte el agua, la sal y el bicarbonato. Remueve bien hasta que todo se disuelva.

Vuelca la harina tamizada en un bol grande.

Remueve la harina y el agua con palillos hasta que la humedad se reparta de manera homogénea y la masa empiece a formar migas. Recupera la harina que se vaya pegando a las paredes del bol. La masa aún no está integrada del todo y recuerda a migas de pan. Métela en el fondo de una bolsa de plástico para alimentos grande y con cierre, ciérrala bien para evitar que la masa se seque y deja reposar durante 1 h, para que la harina acabe de absorber bien el agua.

Empieza a amasar al cabo de 1 h. Lo más fácil es amasarla con los pies. Abre un poco la bolsa para que entre aire y dispón un trapo o una servilleta limpios sobre el suelo limpio. Pon encima la bolsa con la masa y aplánala dando pasitos por encima. Una vez se haya aplanado y ocupe toda la bolsa, ábrela, saca la masa y dóblala en tres hacia el centro.

Vuelve a meterla en el fondo de la bolsa y repite el proceso 2-3 veces.

Deja la masa aplanada en la bolsa. Ciérrala y deja reposar durante al menos 2 h y, si es posible, 1 día.

Ahora, corta la masa en 4 partes iguales y aplánalas con un rodillo hasta que obtengas láminas alargadas.

A. Si tienes una máquina para hacer pasta, pasa la masa por esta comenzando por el nivel «0» (el más ancho) y afinándola progresivamente hasta que obtengas el grosor deseado (se recomiendan unos 1-2 mm, o el nivel «5» de la máquina Marcato Atlas 150).

Ahora, espolvorea con fécula de patata las láminas de pasta por las dos caras y corta fideos de la longitud deseada. La longitud estándar de un espagueti funcionará muy bien.

Sopa (para tonkotsu ramen)

500 g de huesos de cerdo (costillas)

500 g de huesos de cerdo (fémur)

300 ml de agua

B. Si no tienes máquina para hacer pasta, aplana con un rodillo las láminas de masa hasta que tengan un grosor de 1-1,5 mm. Espolvoréalas con fécula de patata por ambas caras, dóblalas por la mitad y corta fideos de la longitud deseada.

Una vez tengas los fideos, vuelve a espolvorearlos con fécula, para que no se peguen entre ellos. Levántalos un par o tres de veces, para asegurarte de que todos queden espolvoreados, y luego déjalos reposar en un recipiente apto para alimentos durante 1-2 días. Aunque se pueden comer inmediatamente, siempre están más buenos tras 1-2 días de reposo.

Si quieres fideos ondulados, basta con que agarres unos cuantos con la mano y los aplastes con suavidad, pero con firmeza, para darles algo de forma.

Sopa

La víspera, limpia y pon en remojo en agua los huesos de cerdo para eliminar la sangre. Déjalos 1 noche en el frigorífico o en un lugar fresco. Tras la noche en remojo, desecha el agua.

Rompe los huesos con un martillo o córtalos con un cuchillo, con cuidado para no cortarte. El umami también sale del interior del hueso, por lo que conviene cortarlos en trozos bastante pequeños.

Mete el agua y los huesos en una olla exprés. Si el volumen de agua indicado en los ingredientes no basta para cubrir los huesos, añade más. La cantidad de agua es aproximada, porque irás añadiendo más a medida que baje.

Calienta a fuego vivo sin tapar la olla y lleva a ebullición. Cuando la sopa hierva y empiece a aparecer espuma marrón, reduce a fuego medio y comienza a espumar. No es necesario que retires toda la espuma. Puedes pasar a la fase siguiente incluso si al cabo de 20 min aún te queda algo de espuma.

Tapa y cierra la olla exprés a fuego medio: espera a que la presión suba y mantén durante 2 h a fuego bajo.

Al cabo de 2 h, apaga el fuego y deja enfriar hasta que puedas abrir la olla exprés.

Abre la olla, añade el taco de cerdo para el *chashu* y prolonga la cocción 1 h a fuego medio, sin tapar la olla. Regula el fuego para que el agua hierva a borbotones. Llegados a este punto, la sopa será bastante densa y tendrás que remover con frecuencia para que no se pegue nada en el fondo. Añade agua de vez en cuando si se reduce demasiado.

Al cabo de 1 h, saca el taco de cerdo y filtra la sopa por un colador. Aprieta bien los residuos para extraer todo el jugo que haya absorbido la carne. Deberías obtener unos 1200 ml de sopa. Añade agua si la cantidad de sopa es insuficiente. La sopa está lista.

Chashu

300 g de lomo o de panceta de cerdo, en un taco

150 ml de salsa de soja

50 ml de mirin

Miso tare (para ramen de Sapporo)

130 ml de miso blanco

130 ml de miso rojo

¼ de cebolla majada

10 g de ajo majado

10 g de jengibre majado

5 g de sésamo majado

½ cdta. de vieira en polvo

15 ml de salsa de soja

10 ml de sake

10 ml de mirin

½ cdta. de salsa de ostras

10 ml de aceite de sésamo

½ cdta. de sal

Ajitsuke tamago

4 huevos

40 ml de salsa de soja

30 ml de agua

20 ml de mirin

8 g de azúcar

Condimentos (al gusto)

2-3 cebolletas, picadas finas

200 g de carne de cerdo picada

4 cdtas. de ajo majado

4 cdtas. de jengibre majado

Brotes de soja cocidos, al gusto

1 dadito de mantequilla (opcional)

Maíz en conserva (opcional)

Si la sopa te gusta bastante grasa, la puedes dejar casi toda; en cualquier caso, espera a que se enfríe y retira entonces el exceso de grasa, que se solidificará en la superficie. Reserva al menos 6 cucharadas de la grasa retirada (la podrás usar como aceite aromático para perfumar el ramen).

Chashu

Mete el taco de cerdo en una bolsita con cierre y añade la soja y el mirin de la lista de ingredientes para el *chashu*. Extrae el aire de la bolsa, para que toda la superficie de la carne quede en contacto con la salsa. Marina durante un mínimo de 1 h.

Miso tare para ramen de Sapporo

Vierte el sake y el mirin en una cazuela. Cuece durante 2 min a fuego bajo y añade la cebolla, el ajo y el jengibre majados. Prolonga la cocción 2 min y apaga el fuego. Añade el miso y el aceite de sésamo y remueve. Para terminar, añade el resto de los ingredientes del *miso tare* para ramen de Sapporo y remueve muy bien todo. El *tare* está listo.

Ajitsuke tamago

Mezcla en un cazo todos los ingredientes líquidos y el azúcar del *ajitsuke tamago*. Apaga el fuego y deja que se enfríe.

En una cazuela, lleva el agua a ebullición y añade con cuidado los huevos, sacados directamente del frigorífico. Hiérvelos durante 7-8 min y sácalos del agua. Enfríalos con agua fría. Pélalos y métalos en una bolsa pequeña con cierre, añade la salsa que has preparado en la etapa anterior y extrae el aire de la bolsa para que los huevos queden en contacto total con la salsa. Marina durante 3 h.

Condimentos

Pica la cebolleta, corta los *ajitsuke tamago* longitudinalmente por la mitad, corta el *chashu* en tiras y prepara con antelación los condimentos que hayas elegido.

En una sartén, calienta 6 cucharadas de la grasa de cerdo obtenida. Añade la carne de cerdo picada y saltéala hasta que se dore. Añade la sopa (300 ml por persona), el *miso tare* (2,5 cucharadas por persona), el ajo y el jengibre majados. Caliéntalo todo antes de servir la sopa en los boles.

Presentación

Cuece 140 g de fideos por persona durante unos 2 min en una olla grande con abundante agua hirviendo. Escúrrelos con cuidado. Si vas a cocer muchos fideos al mismo tiempo, asegúrate de usar una olla lo bastante grande.

Deposita con cuidado los fideos cocidos en el bol de sopa y añade *chashu*, *ajitsuke tamago*, brotes de soja, cebolleta, etc. Sirve muy caliente.

Dificultad ●●●　　4 raciones　　Preparación: 2 días
Cocción: 4 h

ramen de hakodate

Fideos

400 g de harina de trigo panificable (T45 o T55, preferiblemente con un contenido en proteínas del 12 %)

160 ml de agua filtrada (40 % del peso de la harina)

4 g de sal (1 % del peso de la harina)

2 g de bicarbonato de sodio (0,5 % del peso de la harina)

2 g de bicarbonato de potasio (0,5 % del peso de la harina; si no encuentras bicarbonato de potasio, sustitúyelo por bicarbonato de sodio)

4-5 puñados de fécula de patata

Preparación

Fideos

Pesa todos los ingredientes con precisión. En un bol pequeño, vierte el agua, la sal y el bicarbonato. Remueve bien hasta que todo se disuelva.

Vuelca la harina tamizada en un bol grande.

Remueve la harina y el agua con palillos hasta que la humedad se reparta de manera homogénea y la masa empiece a formar migas. Recupera la harina que se vaya pegando a las paredes del bol. La masa aún no está integrada del todo y recuerda a migas de pan. Métela en el fondo de una bolsa de plástico para alimentos grande y con cierre, ciérrala bien para evitar que la masa se seque y deja reposar durante 1 h, para que la harina acabe de absorber bien el agua.

Empieza a amasar al cabo de 1 h. Lo más fácil es amasarla con los pies. Abre un poco la bolsa para que entre aire y dispón un trapo o una servilleta limpios sobre el suelo limpio. Pon encima la bolsa con la masa y aplánala dando pasitos por encima. Una vez se haya aplanado y ocupe toda la bolsa, ábrela, saca la masa y dóblala en tres hacia el centro.

Vuelve a meterla en el fondo de la bolsa y repite el proceso 2-3 veces.

Deja la masa aplanada en la bolsa. Ciérrala y deja reposar durante al menos 2 h y, si es posible, 1 día.

Ahora, corta la masa en 4 partes iguales y aplánalas con un rodillo hasta que obtengas láminas alargadas.

A. Si tienes una máquina para hacer pasta, pasa la masa por esta comenzando por el nivel «0» (el más ancho) y afinándola progresivamente hasta que obtengas el grosor deseado (se recomiendan unos 1-2 mm, o el nivel «5» de la máquina Marcato Atlas 150).

Ahora, espolvorea con fécula de patata las láminas de pasta por las dos caras y corta fideos de la longitud deseada. La longitud estándar de un espagueti funcionará muy bien.

Sopa (para ramen de Hakodate)

1 carcasa de pollo

500 g de huesos de cerdo (preferiblemente, fémur; si no encuentras huesos ni carcasa, usa 1 kg de alas de pollo y 300 g de carne de cerdo picada)

2 muslos de pollo

1 puerro o cebolleta (solo la parte verde)

1 rodaja de jengibre

2,2 l de agua

B. Si no tienes máquina para hacer pasta, aplana con un rodillo las láminas de masa hasta que tengan un grosor de 1-1,5 mm. Espolvoréalas con fécula de patata por ambas caras, dóblalas por la mitad y corta fideos de la longitud deseada.

Una vez tengas los fideos, vuelve a espolvorearlos con fécula, para que no se peguen entre ellos. Levántalos un par o tres de veces, para asegurarte de que todos queden espolvoreados, y luego déjalos reposar en un recipiente apto para alimentos durante 1-2 días. Aunque se pueden comer inmediatamente, siempre están más buenos tras 1-2 días de reposo.

Si quieres fideos ondulados, basta con que agarres unos cuantos con la mano y los aplastes con suavidad, pero con firmeza, para darles algo de forma.

Sopa

La víspera, limpia y pon en remojo en agua los huesos de cerdo para eliminar la sangre. Déjalos 1 noche en el frigorífico o en un lugar fresco. Tras la noche en remojo, desecha el agua.

Rompe los huesos y la carcasa con un mazo de cocina o, con un cuchillo, córtalos en trozos del tamaño de la cazuela (necesitarás una olla exprés o una cazuela grande). (Te puedes saltar este paso si usas alitas de pollo y carne picada.)

Mete los huesos, la carcasa (o las alitas de pollo y la carne de cerdo picada), los muslos de pollo y el agua en la olla exprés.

Calienta la olla destapada a fuego vivo y lleva a ebullición. Cuando el caldo hierva y se empiece a formar una espuma parda en la superficie, reduce a fuego medio y elimina la espuma con una espumadera. Es importante espumar durante al menos 15-20 min para conseguir un caldo transparente.

Tapa y cierra la olla exprés y mantenla a fuego medio. Espera a que suba la presión y prolonga la cocción durante 1 h a fuego bajo.

Al cabo de 1 h, apaga el fuego y espera a que la temperatura baje un poco antes de abrir la olla.

Abre la olla, retira la capa de grasa de la superficie y resérvala. (La usarás como aceite aromático para perfumar el ramen.)

Añade ahora el taco de cerdo para el *chashu*, la parte verde del puerro y la rodaja de jengibre.

Cuece a fuego bajo durante 1 h 30 min, sin tapar la olla. Regula el fuego para que el agua hierva a borbotones.

Al cabo de 1 h 30 min, retira el taco de cerdo y pasa la sopa por un colador. El caldo está listo y lo puedes congelar, para luego usarlo como base para muchas otras preparaciones, como el *tantan men*, el *shoyu ramen*...

Chashu

- 300 g de lomo o panceta de cerdo, en un taco
- 150 ml de salsa de soja
- 50 ml de mirin

Shio tare (para ramen de Hakodate)

- 10 g de vieiras secas
- 3 setas shiitake secas
- 20 g de *katsuobushi* (en copos gruesos, si es posible)
- 8 g de sardina seca
- 10 g de alga kombu
- 300 ml de agua filtrada
- 50 ml de mirin
- 30 ml de sake
- 35 g de sal

Ajitsuke tamago

- 4 huevos
- 40 ml de salsa de soja
- 30 ml de agua
- 20 ml de mirin
- 8 g de azúcar

Condimentos (al gusto)

- 2-3 cebolletas, picadas
- Brotes de soja cocidos, al gusto
- Bambú marinado, al gusto
- Pimienta molida fina, al gusto

Chashu

Mete el taco de cerdo que acabas de cocer en una bolsita con cierre y añade la salsa de soja y el mirin de los ingredientes para *chashu*. Saca todo el aire de la bolsa, de modo que toda la superficie de la carne esté en contacto con la salsa. Marina durante al menos 1 h.

Shio tare

Deposita todos los ingredientes secos (vieiras, shiitake, *katsuobushi*, sardina seca y alga kombu) en una cazuela; añade el agua filtrada y deja reposar 1 noche.

Al día siguiente, cuece el contenido de la cazuela a fuego bajo y deja que hierva poco a poco, de modo que los ingredientes bailen delicadamente en el agua. 1 min después de la ebullición, retira el alga kombu y prolonga la cocción del resto de los ingredientes durante 40 min. Retira ahora todos los ingredientes sólidos y conserva solo el extracto líquido.

Añade el resto de los ingredientes del *shio tare* para ramen de Hakodate y lleva a ebullición durante 1 min antes de apagar el fuego. Deja que se enfríe un poco. El *tare* está listo.

Ajitsuke tamago

Mezcla en un cazo todos los ingredientes líquidos y el azúcar del *ajitsuke tamago*. Apaga el fuego y deja que se enfríe.

En una cazuela, lleva el agua a ebullición y añade con cuidado los huevos, sacados directamente del frigorífico. Hiérvelos durante 7-8 min y sácalos del agua. Enfríalos con agua fría. Pélalos y métalos en una bolsa pequeña con cierre, añade la salsa que has preparado en la etapa anterior y extrae el aire de la bolsa para que los huevos queden en contacto total con la salsa. Marina durante 3 h.

Condimentos y presentación

Pica la cebolleta, corta los *ajitsuke tamago* longitudinalmente por la mitad y el *chashu* en lonchas y prepara con antelación todos los condimentos que hayas decidido usar.

Calienta el caldo (unos 300 ml por persona).

Cuece 140 g de fideos por persona durante unos 2 min en una olla grande con abundante agua hirviendo. Escúrrelos con cuidado. Si vas a cocer muchos fideos al mismo tiempo, asegúrate de usar una olla lo bastante grande.

Antes de que los fideos se hagan, añade 2 cucharadas de *shio tare*, 1 cucharada de aceite aromático y un poco de pimienta molida en el fondo de un bol. Añade entonces la sopa caliente (adapta la cantidad de *tare* a tu gusto).

Deposita con cuidado los fideos cocidos en el bol de sopa y añade *chashu*, *ajitsuke tamago*, cebolleta, etc. Sirve muy caliente.

レシピブック	Dificultad ●○○	2 raciones	Preparación: 10 min Cocción: 10 min

butadon

- 250 g de panceta de cerdo (en tiras finas)
- 3-4 hojas de lechuga iceberg (o de choudou en tiras)
- 330 g de arroz redondo cocido
- 2 cdas. de aceite vegetal
- 3 cdas. de azúcar
- 3 cdas. de sake
- 5 cdas. de salsa de soja
- Mostaza japonesa (opcional)
- Cebollino (opcional)

Preparación

Calienta el aceite en una sartén y dora las tiras de panceta de cerdo.

Añade el sake, el azúcar y la salsa de soja.

Cuece a fuego bajo hasta que la salsa adquiera una textura untuosa.

En un bol, sirve arroz, tiras de lechuga y tiras de panceta dorada. Esparce el cebollino picado por encima. Acompaña el bol con un poco de mostaza aparte. Sirve muy caliente.

Hokkaido: ¿corre peligro la pesca en Japón?

Las aguas de la isla más septentrional del archipiélago abastecen de pescado y de marisco a gran parte del país. Sin embargo, al igual que sucede con el resto de las aguas territoriales japonesas, sus reservas pesqueras se están desplomando.

Limitada por el mar del Japón, el océano Pacífico y el mar de Ojotsk, Hokkaido, literalmente «camino del mar del Norte», es la segunda isla más grande del archipiélago japonés y, aunque los bosques cubren el 70 % de su territorio, es conocida principalmente por su pesca. De hecho, aquí se concentran una cuarta parte de las capturas totales de Japón. Las aguas que la rodean albergan especies diversas: abadejo, salmón salvaje, calamar, arenque, cangrejo o *shishamo*, un pez endémico de Japón que habita a lo largo de la costa pacífica al sur de la isla. Sin embargo, hace décadas que la industria pesquera local experimenta el mismo declive que en todo el archipiélago: los recursos pesqueros comienzan a escasear. ¿Por qué? Por la sobreexplotación, a la que, en los últimos años, se ha sumado el calentamiento global, una sinergia que ha dado lugar a una dinámica catastrófica: el volumen de capturas se reduce y los ingresos de los pescadores caen junto al número de contrataciones e incluso de solicitantes de empleo; por lo tanto, los pueblos de pescadores se vacían gradualmente. Una despoblación que la Agencia Japonesa de Pesca intenta revitalizar mediante el turismo.

«Japón solo puede satisfacer aproximadamente el 60 % de sus necesidades de productos pesqueros.»

CHEFS FOR THE BLUE, O CUANDO LOS CHEFS SE MOVILIZAN

En 2017, chefs japoneses de Tokio y Kioto formaron la asociación Chefs for the Blue, para crear conciencia acerca de la sobreexplotación en Japón y abogar por una pesca más sostenible. La asociación defiende que los chefs, que están en contacto tanto con los pescadores como con los consumidores, desempeñan un papel clave en la preservación de los recursos pesqueros.

¿Cómo se ha llegado a esto? Históricamente, Japón ha sido una de las naciones más competitivas de la industria pesquera. Fue el primer país del mundo en este sector entre 1970 y 1990, pero las capturas de peces salvajes comenzaron a disminuir a partir de 1992 y la tendencia no ha variado desde entonces. Después de la Segunda Guerra Mundial, el gobierno japonés apostó por el desarrollo del sector pesquero para frenar la escasez alimentaria del país. En esa época, los numerosos pescadores pescaban mucho y, sobre todo, en todas partes. ¿Que las redes no atrapaban toneladas suficientes frente a las costas japonesas? No pasaba nada, los barcos se dirigían a otros lugares, como Alaska, Nueva Zelanda o América del Sur; no había territorio marino que se resistiera a los japoneses, que no tenían en cuenta ni la sostenibilidad de los recursos ni la preservación del ecosistema marino. El periodo de alto crecimiento no se limitó al Japón continental: tanto sus aguas territoriales como las aguas extranjeras contribuyeron a los beneficios.

DE LA SOBREEXPLOTACIÓN A LA IMPORTACIÓN

La situación se complicó con la instauración de las Zonas Económicas Exclusivas (ZEE). A partir de 1977, los barcos japoneses se empezaron a topar con límites administrativos: ya no podían pescar en cualquier sitio. A principios de la década de 1970, la mitad de las capturas japonesas provenían de ZEE extranjeras; ahora, los pescadores japoneses ya no podían ejercer su actividad a más de 200 millas marinas de distancia de las costas del archipiélago. A pesar de ser la octava ZEE mundial en términos de superficie, Japón tenía dificultades para obtener peces suficientes: según el informe anual de 2022 de la Agencia Japonesa de Pesca, los japoneses consumen más de 23 kg de pescado por habitante y año. Aunque esta cifra está lejos de los 40 kg de 2001, Japón sigue siendo uno de los países del mundo que más pescado consume. Y ahora lo tiene que importar. En 2022, el archipiélago se convirtió en el tercer importador mundial de productos del mar, por un valor de 15 mil millones de dólares.

En la década de 1960 (con un pico del 113 % en 1964), el archipiélago era autosuficiente, mientras que hoy solo puede satisfacer aproximadamente el 60 % de sus necesidades de productos pesqueros. En los estantes, jureles japoneses se codean con caballas noruegas, mientras que las vieiras niponas comparten espacio con salmones chilenos. En un intento de frenar la tendencia, el gobierno enmendó en 2018 la ley de pesca, cuyas nuevas disposiciones entraron en vigor en diciembre de 2020. Entre ellas, se encuentran la ampliación de las cuotas de pesca

a nuevas especies (hasta ahora solo se incluían ocho), así como el establecimiento de cuotas individuales para cada zona de pesca, con el fin de regular la competencia en el sector.

EL IMPACTO DEL CAMBIO CLIMÁTICO

La sobreexplotación no es la única responsable del agotamiento de los recursos pesqueros. El cambio climático afecta de lleno a las costas de Hokkaido, al igual que a otras costas japonesas. Según el sexto informe de evaluación del Grupo Intergubernamental de Expertos sobre el Cambio Climático (IPCC), el pH de las aguas superficiales a nivel mundial ha pasado de 8,2 a 8,1 desde la era preindustrial, un cambio atribuible al aumento del dióxido de carbono en la atmósfera. «Una disminución de 0,1 unidades de pH puede parecer insignificante, pero en realidad significa que la acidez ha aumentado en un 30 %», explica Haruko Kurihara, profesora de ciencias marinas en la Universidad de Ryukyu. Los investigadores advierten de que la acidificación de los océanos representa una amenaza para los sectores pesquero y acuícola. Según un estudio publicado en 2018, la pérdida económica acumulada en estos sectores en Japón podría alcanzar los 2 billones de yenes (13 250 millones de euros) en 2100.

El agua de los mares y océanos se acidifica y se calienta, lo que o bien obliga a los peces a migrar o bien los pone en peligro debido a la aparición de especies depredadoras, también desplazadas. ¿Cómo se podrían compensar los efectos de la sobreexplotación

y del cambio climático? ¿Reside la solución en el desarrollo de la acuicultura, a menudo considerada como la mejor respuesta? No necesariamente. «La acuicultura excesiva puede provocar la acumulación de materia orgánica, que es una de las causas de la acidificación de los océanos. La acuicultura excesiva no es la solución», concluye Haruko Kurihara.

CHEFS CON UNA MISIÓN

Los chefs de los restaurantes son el último eslabón de la cadena y también tienen su responsabilidad a la hora de preservar los recursos marinos. Hace mucho que el chef de Cancal (Francia) Olivier Roellinger, cuyo restaurante Le Bricourt recibió tres estrellas Michelin en 2006, es consciente de este problema. En 2011, lanzó el concurso «Preservación de los recursos marinos», con el objetivo de sensibilizar a las nuevas generaciones de chefs acerca de los problemas relacionados con los productos del mar. Cree que los chefs también son garantes de la sostenibilidad de la pesca y que se han de asegurar de que sirven peces respetuosos con los tamaños de captura establecidos, de que no sirven especies en peligro de extinción y de que dan prioridad a especies acuáticas sostenibles, a menudo menos conocidas o celebradas. La edición 2022 de este concurso se celebró en Hokkaido y Taiga Chiba, un joven estudiante que propuso un plato acompañado de un caldo dashi a base de congrio manchado, una variedad de anguila conocida por ser particularmente difícil de trabajar debido a sus numerosas espinas, se llevó el premio.

chan-chan yaki

4 lomos de salmón fresco

½ choudou (o col verde)

1 cebolla

½ zanahoria

150 g de champiñones

2 cdas. de mantequilla semisalada

1 pizca de sal y pimienta

Salsa

100 g de miso

60 ml de sake

2 cdas. de mirin

2 cdas. de azúcar

Preparación

Salpimienta el salmón.

Corta la col groseramente; corta la cebolla y la zanahoria en rodajas gruesas; desecha los pies de los champiñones y corta los champiñones por la mitad.

Calienta a fuego medio la mantequilla en una olla grande y dora el salmón, comenzando por el lado sin piel.

Dispón la verdura y las setas cortadas alrededor del salmón.

Añade todos los ingredientes de la salsa.

Tapa y mantén a fuego bajo.

Una vez se haya hecho el salmón, sírvelo envuelto de las verduras y la salsa.

ikameshi

1 calamar grande
  (o 2 pequeños)
70 g de arroz glutinoso
10 g de jengibre
1 cdta. de salsa de soja

<u>Salsa</u>

300 ml de agua filtrada
2 cdas. de azúcar
2 cdas. de sake
2 cdas. de salsa de soja
1 cda. de mirin

Preparación

Lava el arroz glutinoso y ponlo en remojo en agua durante 1 h.

Mezcla todos los ingredientes de la salsa y añade el jengibre cortado en rodajas.

Vacía y limpia el calamar. Quítale los ojos y el pico.

Separa la cabeza y los tentáculos y amasa meticulosamente los tentáculos con un puñadito de sal para retirar todas las ventosas duras que los cubren. Enjuágalos y sécalos con papel absorbente.

Corta la cabeza y los tentáculos en trocitos y mézclalos con el arroz escurrido y la salsa de soja.

Rellena el calamar con la mezcla de arroz hasta $7/10$ de su capacidad y ciérralo con un palillo. No lo rellenes demasiado, porque te arriesgas a que el arroz no se cueza correctamente o a que, al hincharse, desgarre el calamar.

Deposita en una cazuela la salsa y las rodajas de jengibre que has preparado antes. Lleva a ebulición, añade el calamar relleno, tapa la cazuela y mantén a fuego medio durante 15-20 min. Dale la vuelta al calamar de vez en cuando.

Saca el calamar de la cazuela y córtalo en rodajas del tamaño de un bocado (aproximadamente 1 cm de grosor).

Reduce la salsa y viértela sobre el calamar cortado. Sírvelo muy caliente.

anko nabe

Dificultad ●●○   2 raciones   **Preparación:** 40 min   **Cocción:** 10 min

- 300-400 g de rape (cola, piel, hígado)
- ½ rábano daikon en rodajas gruesas
- ⅓ de zanahoria en láminas al bies
- ¼ de col china cortada groseramente
- 2-3 setas shiitake frescas enteras, cortadas en forma de cruz
- ½ manojo de hojas de crisantemo cortadas groseramente
- 2-3 cebolletas cortadas en rodajas al bies
- ½ bloque de tofu cortado en dados grandes

Caldo

- 1 l de agua filtrada
- 1 hoja de alga kombu seca de 10 × 10 cm
- 100 g de miso
- 1 cda. de mirin
- 1 cda. de sake
- 1 cda. de salsa de soja
- 2-3 rodajas de jengibre

Opcional

- 1 bol de arroz blanco cocido (caliente o frío)
- 1 huevo
- ⅓ de manojo de cebolleta picada fina

Preparación

Vierte el agua filtrada y el alga kombu en una cazuela de barro o en un *donabe* y deja reposar durante 30 min.

Corta las verduras como se indica en la lista de ingredientes y disponlas en una fuente grande.

Corta el rape en dados del tamaño de un bocado y viértelos en agua hirviendo durante 10 segundos. Disponlos en otra fuente.

Si es posible, pon la cazuela con el agua y el alga kombu en remojo sobre un fogón de gas individual que se pueda poner sobre la mesa. Calienta a fuego medio.

Hierve a fuego bajo durante 2-3 min, retira el alga kombu y añade el resto de los ingredientes del caldo. El alga kombu se puede comer y, por ejemplo, la puedes laminar y saltear con mirin y salsa de soja para acompañar los boles de arroz.

Añade las verduras cortadas en el mismo orden en que aparecen en la lista y luego el rape troceado. Espuma si es necesario y añade el tofu. El *anko nabe* está listo. Puedes servir los ingredientes directamente de la olla. Es un plato para compartir en grupo y los ingredientes se pueden ir añadiendo a los platos a medida que se va comiendo. Si se acaba el agua, añade un poco de agua filtrada.

Opcional

Cuando las verduras y el rape se hayan acabado, añade el bol de arroz al caldo que quede en el fondo de la olla. Aplástalo un poco, para extenderlo por la base de la olla y cuécelo durante 5-10 min con la olla tapada. Bate un huevo y viértelo poco a poco sobre el arroz dibujando un círculo con el hilillo. Apaga el fuego, espolvorea con la cebolleta picada y sirve muy caliente.

uni-ikura don

- 150-200 g de erizos de mar
- 150-200 g de huevas de salmón
- 450 g de arroz redondo blanco para sushi
- 560 ml de agua filtrada
- 2 cdas. de salsa de soja
- 1 cda. de sake
- 1 cdta. de mirin
- 110 ml de vinagre de arroz o de sidra
- 40 g de azúcar
- 12 g de sal
- Hojas de shiso (opcionales)
- Wasabi (opcional)

Preparación

Marina las huevas de salmón en la salsa de soja y el mirin durante 3 h.

Arroz para sushi

Enjuaga con cuidado el arroz bajo el grifo de agua fría y presta atención para que los granos no se rompan. Repite 2-3 veces y deja el arroz en un colador, para que el agua se escurra.

Pasa el arroz limpio y el agua filtrada a una cazuela. Tápala y deja reposar durante un mínimo de 30 min antes de iniciar la cocción.

Cuece a fuego vivo durante 5 min y, luego, a fuego bajo durante otros 10 min. Apaga el fuego y deja reposar durante 10 min más sin destapar la cazuela.

Mezcla el vinagre de arroz, el azúcar y la sal en un bol pequeño.

Extiende el arroz cocido sobre una bandeja plana.

Remueve con cuidado y añade el vinagre mientras enfrías el arroz con un abanico.

Presentación

Deposita el arroz para sushi en un bol y dispón encima los erizos de mar y las huevas de salmón marinadas con salsa de soja.

Lamina finamente el shiso y decora con un poco de wasabi.

La cultura culinaria ainu es un tesoro que hay que proteger

El pueblo indígena de Hokkaido posee una rica cultura culinaria. Sin embargo, corre peligro, al igual que la cultura ainu en general, debido sobre todo a la estigmatización por parte del gobierno.

«Conversar en torno a una buena comida es esencial para la protección y la promoción de nuestra cultura. Si alguien quiere saber más acerca de los ainu, lo mejor que puede hacer es sentarse a una mesa, compartir una comida y conversar, no ir a un museo», afirma con contundencia Usa Teruyo. Para ella, descubrir y comprender la cultura ainu pasa más por los fogones que por cualquier folleto informativo.

Desde 2011, Usa Teruyo es propietaria de Harukor, el único restaurante ainu de la cosmopolita Tokio. Situado en el barrio de Okubo, a dos pasos de la estación de Shinjuku, este restaurante de pequeñas dimensiones y solo cuatro mesas es un reflejo de su cultura. En las paredes, un mapa de Hokkaido, la isla que ella y su familia abandonaron cuando tenía 10 años y que alberga a la mayoría de los miembros de su comunidad que quedan en Japón; un vestido índigo tradicional con motivos geométricos; y multitud de carteles firmados de *Golden Kamuy*, un manga muy popular protagonizado por héroes ainu. Todo ello acompañado de música tradicional. En el menú aparecen todos los platos emblemáticos de este pueblo del norte y sus alimentos principales: pescado, caza, verduras y hierbas silvestres. Usa trae la mayoría de los productos directamente desde Hokkaido.

«Las discriminaciones hacia nuestro pueblo persisten y la vida de muchas personas es muy difícil, por lo que debemos hablar de nuestra historia. De alguna manera, eso pasa por la preservación de nuestra cocina.»

LA COLONIZACIÓN JAPONESA

Pero ¿quiénes son los ainu? Los ainu son un pueblo indígena originario de Hokkaido (la isla más septentrional de Japón, antes llamada Ainu Moshiri, es decir, «la tierra de los ainu») y del tercio norte de Honshu, la isla principal del archipiélago japonés. También habitaban en las islas Kuriles y al norte de Sajalín, dos territorios rusos. Sin embargo, las aspiraciones expansionistas del Imperio japonés los empujaron cada vez más hacia el norte.

Este pueblo de cazadores, pescadores y recolectores vivía a lo largo de la costa sur de Hokkaido, cuyo clima es más cálido, y comerciaba con los japoneses. Durante la restauración Meiji, a partir de 1868, la potencia japonesa emprendió la colonización de la isla. Los colonos se establecieron y los ainu, cuyas aldeas se situaban alrededor de estuarios donde en otoño afluyen salmones y truchas, se vieron despojados de sus tierras por la llamada Ley de «protección de los antiguos indígenas» de 1899. Tuvieron que abandonar sus territorios ricos en caza y pesca por otros, más montañosos, en el centro de la isla.

UNA DEBACLE CULINARIA

Perdieron el derecho a cazar ciervos en sus tierras y a pescar salmones en sus ríos, por lo que se vieron obligados a recurrir a la agricultura y la ganadería.

También se les prohibió celebrar la ceremonia animista del oso. Todo ello tuvo consecuencias en su cultura culinaria: el arroz llegó a los cuencos, al igual que las alubias, las patatas y los condimentos. Hasta entonces, los únicos sabores habían sido la grasa animal, las algas y la sal, y el cereal principal era el *sayo*, o mijo japonés. Los ainu vieron cómo sus tradiciones y su idioma se extinguían gradualmente, ya que solo se les permitía aprender japonés. Las múltiples discriminaciones y estigmatizaciones llevaron a que muchos ainu ocultaran sus orígenes, lo que tuvo como consecuencia directa la práctica desaparición de esta cultura y el cese de la transmisión de conocimientos ancestrales.

«Aunque, ahora, nuestra cultura recibe mucha más atención, dista mucho de ser suficiente. Hay quien todavía se pregunta si los ainu existen de verdad. Quiero que la sociedad tome conciencia de todo lo que los japoneses nos han hecho pasar», explica la restauradora Usa Teruyo. «Las discriminaciones

ESTOS SON ALGUNOS DE LOS PRINCIPALES PLATOS AINU:

- el *rataskep*: una mezcla de verduras y alubias silvestres, cocidas y trituradas con calabaza y grasa animal;
- el *turep*: un lirio silvestre y una de las verduras más importantes de la cultura ainu, que se sirve en una tempura ligera y crujiente;
- el *oyakodon*: salmón y huevas de salmón servidos sobre arroz;
- el *mefin*: tripas de pescado saladas;
- el *ciporimo*: un plato de patatas hervidas con huevas de bacalao saladas;
- el *pukusa* o *kitopiro*: cebollas silvestres servidas hervidas o marinadas, con albóndigas;
- el *ohaw*: un caldo y uno de los platos básicos, elaborado con ingredientes de temporada. Hay múltiples variantes y se sirve con carne o con salmón.

 En 2008, el Parlamento japonés votó una resolución que afirmaba por primera vez que los ainu «son un pueblo indígena con lengua, religión y cultura propias», aunque se trató de un texto fundamentalmente simbólico.

En 2019, la Ley para la Promoción de la Cultura Ainu reemplazó el controvertido texto de 1899 y prometió «materializar una sociedad que respete la dignidad» de la minoría. El objetivo de esta ley, la primera de su tipo, es establecer medidas para apoyar a las comunidades, impulsar la economía local y el turismo.

Aunque la situación ha mejorado, la desigualdad de ingresos y educación con el resto de la población persiste.

hacia nuestro pueblo persisten y la vida de muchas personas es muy difícil. Así que tenemos que hablar de nuestra historia y eso pasa por la educación, por supuesto. Pero también pasa de alguna manera por la protección de nuestra cocina y de nuestro arte.»

CARNES Y VEGETALES SALVAJES

Usa Teruyo abandonó Hokkaido cuando tenía diez años, sin conocer nada de su cultura y obligada a ocultar sus orígenes para evitar el acoso o la discriminación. Se mudó a Tokio junto a sus cuatro hermanos y hermanas y su madre, que se unió a un grupo cultural ainu. Entonces, su madre y su abuela abrieron un restaurante en la capital, el Rera Chise. «En ese momento no había ningún otro lugar donde se pudieran reunir.» Cuando cerró, Usa y su madre abrieron Harukor con una idea en mente: promover y dar a conocer la cultura ainu a través de la comida. La madre de Usa falleció poco después de la inauguración y, entonces, su marido tomó las riendas de la cocina y empezó a servir a diario recetas de este pueblo indígena, del cual no forma parte. «Aunque en Tokio hay un centro de intercambio ainu, allí es difícil socializar, hablar o almorzar; no deja de ser un establecimiento público.»

En la cocina ainu predominan principalmente la caza, como el ciervo y el oso, aunque este último ahora se sirve solo en ocasiones muy especiales, así como el salmón y la trucha. Todas las carnes y pescados se ahúman, hierven o cuecen a fuego lento, ya que los ainu, a diferencia de los japoneses, consumen muy poca carne cruda. Como acompañamiento, se utilizan verduras silvestres, raíces, bayas y hierbas que se emplean principalmente por sus virtudes gustativas y medicinales, como la baya *haskap*, la corteza de *shikerebe-ni* o el *kitopiro*, un ajo silvestre.

Cuando Usa se sumerge en sus recuerdos de la infancia, lo primero que le viene a la mente es el *imo dango*, un plato a base de bolas de boniato. «Ni siquiera sabía que mi madre me preparaba comida ainu. Era tan poco consciente de mi cultura...» Ahora es madre de familia y habla mucho con su hija acerca las prácticas y las tradiciones ainu. Le enseña cantos, danzas, la inicia en la práctica de instrumentos musicales y, por supuesto, en la cocina. «Aprecio mucho a mis antepasados. Se lo quiero transmitir todo a mis hijos, especialmente porque mi madre y mi abuela hicieron mucho por mí.»

ishikari nabe

Dificultad ●●○ — 4 raciones — Preparación: 50 min — Cocción: 20 min

2 lomos de salmón (unos 200 g)

200 g de cabeza de salmón

1 bloque de tofu firme cortado en dados grandes

200 g de fideos de *konnyaku* en remojo en agua caliente y cortados

½ cebolla cortada en medialunas gruesas

2-3 setas shiitake frescas enteras, cortadas en forma de cruz

4-5 hojas de choudou o de col blanca cortadas groseramente

2-3 cebolletas en trozos cortados al bies

½ manojo de hojas de crisantemo cortadas groseramente

4 cdas. de huevas de salmón

Caldo

1,5 l de agua filtrada

1 hoja de alga kombu seca de 10 × 10 cm

80 g de miso

2 cdas. de mirin

2 cdtas. de sake

30 g o más de mantequilla

Preparación

Vierte el agua filtrada con el alga kombu en una cazuela de barro o un *donabe* y deja reposar durante 30 min.

Corta las verduras como se indica en la lista de ingredientes y disponlas en una fuente grande.

Lava la cabeza de salmón, descámala y córtala en trozos grandes.

Pon la cazuela con el agua y el alga kombu en remojo sobre un fogón de gas individual que se pueda poner sobre la mesa. Calienta a fuego medio.

Hierve a fuego bajo durante 2-3 min, retira el alga kombu y añade la cabeza de salmón troceada y el resto de los ingredientes del caldo. Sube el fuego y espuma si es necesario. El alga kombu se puede comer y, por ejemplo, la puedes laminar y saltear con mirin y salsa de soja para acompañar los boles de arroz.

Añade los lomos de salmón y las verduras cortadas en el mismo orden en que aparecen en la lista. Espuma si es necesario y añade el tofu y los fideos de *konnyaku*. Añade la mantequilla. El *ishikari nabe* está listo.

Sírvelo en boles, con las huevas de salmón.

chiporo imo

400 g de patata

120 g de huevas de salmón saladas

1 pizca de sal

Preparación

Cuece las patatas en agua con sal.

Pélalas y trocéalas groseramente mientras aún están calientes.

Una vez se hayan enfriado un poco, esparce las huevas de salmón por encima. Sírvelas templadas.

barbacoa gengis kan de cordero y verduras a la plancha

600-700 g de carne de cordero en trozos del tamaño de un bocado

Marinada afrutada y dulce

1 ½ cdas. de sake

1 cda. de azúcar

1 ½ cdas. de mirin

½ cda. de miel

½ cda. de salsa de soja

½ cebolla rallada

1 diente de ajo rallado

½ manzana rallada

1 cdta. de aceite de sésamo

Marinada con miso picante

2 cdas. de sake

½ cda. de azúcar

1 cda. de salsa de soja

1 ½ cdas. de salsa de miso

½ cda. de *kochujuan*

1 cdta. de kétchup

½ cebolla rallada

1 diente de ajo rallado

1 cdta. de aceite de sésamo

Este plato es una barbacoa japonesa que se prepara en la mesa con carne de cordero marinada y verduras asadas sobre una plancha redonda y abombada en el centro, diseñada especialmente para un resultado gustativo óptimo. En casa, se puede usar una plancha eléctrica. Es un plato que se disfruta en compañía y que se basa en el placer de compartir.

Preparación

Marina la carne

Prepara las dos marinadas mezclando los ingredientes correspondientes. Separa la carne en dos mitades y marina cada mitad en una de las marinadas durante un mínimo de 1 h cada una. Si no tienes marinada suficiente, alárgala con sake.

Verduras

1 cebolla cortada en medialunas bastante gruesas

2 cebolletas en rodajas al bies

100 g de cebollino picado groseramente en trozos de 4 cm

100 g de brotes de soja lavados y escurridos

⅛ de choudou o de col verde, cortada groseramente en dados

2 pimientos cortados longitudinalmente en cuatro, sin las pepitas

⅛ de calabaza en rodajas de 5 mm de grosor

2 berenjenas cortadas en rodajas al bies (rodajas de 5 mm de grosor)

+ verduras al gusto

2 raciones de fideos chinos (opcionales)

Corta las verduras según las instrucciones de la lista de ingredientes.

Pinta la plancha con un poco de aceite vegetal. Dispón la carne en el centro y rodéala con las verduras. Ásalo todo, dándole la vuelta con frecuencia y añadiendo el jugo y la grasa de la carne, que darán sabor a las verduras. Id comiendo a medida que los ingredientes se vayan haciendo.

Opcional

Saltea los fideos para yakisoba con las verduras que queden en la plancha y condiméntalos con la marinada.

Las algas japonesas

Nori, kombu, wakame... son algas indispensables para todo el que desee cocinar platos japoneses. Son verdaderas bombas nutricionales que también se consumen por sus propiedades medicinales. Sin embargo, la contaminación y el cambio climático podrían poner en peligro a estas algas japonesas.

Las algas son un elemento imprescindible en la cocina japonesa, ya floten delicadamente en una sopa de miso, envuelvan el arroz de un onigiri o pongan el toque final a un *bento*. Aunque en Occidente aún se consumen relativamente poco, hace siglos que adornan los platos japoneses. Los monjes empezaron a cultivar en el siglo VIII las famosas *kaisou* (ensaladas de algas), inicialmente en cañas de bambú en las aguas poco profundas de bahías y estuarios, donde usaban la técnica conocida como *tenkusa* o «cultivo suspendido». Las algas eran tan importantes que una ley de 701 autorizó a los japoneses a usarlas para pagar impuestos. Varios siglos después, las algas salieron de los platos de los monasterios y se popularizaron, hasta que su consumo se extendió por todo Japón y su cultivo arraigó aún más, sobre todo en la bahía de Tokio. A partir de 1670, y como los monjes habían hecho unos siglos antes, los acuicultores empezaron a plantar en el mar ramas de bambú donde se aglutinaban las esporas de las algas. Luego, las ramas se trasladaban al estuario de un río, cuyos nutrientes promovían el desarrollo de las algas. En el siglo XX, la modernización de las técnicas multiplicó la producción. Redes sintéticas unidas a postes de bambú sustituyeron a las ramas de bambú, lo que permitió aumentar la superficie de cultivo; la producción de alga nori, por ejemplo, se multiplicó por 40 entre 1940 y 1990. En 2020, Japón produjo más de 1,3 millones de toneladas de algas, con un valor total de más de 63 000 millones de yenes (aproximadamente 423 millones de euros).

LAS PRINCIPALES ALGAS JAPONESAS

Las algas son plantas marinas sin raíces ni hojas y se clasifican por color: algas marrones, verdes, rojas y azules. El alga nori es un alga roja, aunque en realidad su color varía entre el violeta y el negro. El kombu y el wakame son algas marrones.

Nori

Esta alga roja es muy rica en proteínas, minerales y aminoácidos. En el siglo VIII, se consumía fresca y esta forma de consumo no cambió hasta el periodo Edo. Ahora se consume sobre todo en forma de hojas secas y se usa en la elaboración de onigiris o makis. También se halla en copos o en polvo y se utiliza para condimentar salsas, sopas, ensaladas, arroces o caldos. El nori se cultiva principalmente en la bahía de Tokio y en la bahía del mar de Ariake, al norte de la isla de Kyushu.

Kombu

Este alga marrón es particularmente rica en calcio. Aunque puede acompañar a platos de pescado, carne o *fondues*, el alga kombu es, sobre todo, el ingrediente esencial del dashi, el caldo protagonis-

① Nori
② Hijiki
③ Umibudo
④ Funori
⑤ Aonori
⑥ Wakame
⑦ Arame
⑧ Konbu

ta de la cocina japonesa que encierra el preciado sabor umami obtenido gracias a la fusión del alga kombu y el *katsuobushi* (bonito seco). El alga kombu crece en abundancia frente a la isla septentrional de Japón, Hokkaido.

Wakame
Rica en vitaminas, calcio, fibras y antioxidantes, esta alga marrón es la estrella de la sopa de miso, uno de los platos básicos de la cocina tradicional japonesa que se puede consumir desde el desayuno. Su sabor particularmente suave la hace perfecta para las ensaladas. El wakame se suele vender seco y, para prepararlo, basta con sumergirlo en agua caliente, lo que cambia su color: el alga pasa de un marrón profundo a un verde oscuro. Se cultiva exclusivamente en las costas del norte del archipiélago, ya que solo crece en aguas frías.

BOMBAS NUTRICIONALES
Las algas, ya se consuman secas o en caldo, son verdaderas «bombas nutricionales», como destaca Vincent Doumeizel, asesor para los océanos en el Pacto Mundial de las Naciones Unidas y especialista en algas. Estas verduras marinas son ricas en hierro, vitaminas A y C, proteínas, yodo, hierro y zinc. Algunas de ellas son incluso las únicas plantas que proporcionan vitamina B12, que, de otro modo, se encuentra principalmente en productos cárnicos. «Varios estudios realizados en Japón por especialistas en algología[1] han demostrado los beneficios de estos recursos marinos para la prevención de ciertos cánceres de mama, colon o próstata», indica Vincent Doumeizel. «Y es importante señalar que, a diferencia de las plantas terrestres, no es necesario comer muchas algas para acceder a sus ventajas nutricionales», continúa. Otra ventaja: a diferencia de las plantas, cuando las algas se secan, conservan su estructura y su nutrientes.

OCCIDENTE SE QUEDA ATRÁS
«¿Por qué solo una región de todo el planeta aprendió a cultivar un recurso que no necesita tierra, alimentos ni pesticidas?», se pregunta el especialista en algas. ¡Buena pregunta! La producción de algas en Asia ha pasado de 4 millones de toneladas en 1990 a casi 35 millones en la actualidad. En Occidente, el consu-

1   La ciencia del estudio de las algas.

...mo de algas sigue siendo anecdótico, mientras que representa aproximadamente el 10 % de la dieta de los japoneses. Hay otro factor que podría explicar esta disparidad: el 99 % de las algas asiáticas provienen de la algocultura, que se desarrolló a principios del siglo XX, mientras que, en Occidente y sobre todo en Europa, la mayoría de las algas recolectadas provienen de cosechas silvestres. «Los occidentales siguen siendo recolectores marinos», señala Doumeizel; por lo tanto, es imposible seguir el ritmo de los métodos de cultivo cada vez más avanzados en Japón, pero también en China, Indonesia o Corea del Sur. Europa representa solamente el 1 % de la producción mundial de algas.

LOS EFECTOS DE LA CONTAMINACIÓN Y EL CAMBIO CLIMÁTICO

Los efectos del cambio climático se notan ya en los 29 700 km de costa japonesa. El aumento de la temperatura del mar, la modificación de las corrientes oceánicas y el aumento del pH del agua afectan al crecimiento y a la calidad de las algas.

El calentamiento de la superficie del mar, uno de los principales efectos del cambio climático, ejerce un impacto directo sobre las algas. Cuando la temperatura del agua aumenta, la tasa de crecimiento de las algas disminuye y la calidad de la cosecha peligra. Y no solo eso: el calentamiento del agua puede provocar la proliferación de algas perjudiciales, lo que daña tanto a las algas cultivadas como al ecosistema marino en general.

La modificación de las corrientes oceánicas es otra de las consecuencias del cambio climático que afectan al cultivo de algas. Los cambios en las corrientes alteran la distribución de los nutrientes que las algas necesitan para desarrollarse. Así, un grupo de investigadores de la Universidad de Hokkaido ha advertido acerca de la posible desaparición de varios tipos de alga kombu en las costas de Hokkaido en los próximos 70 años. Si el cambio climático continúa a su ritmo actual, la temperatura del agua de mar alrededor de la isla más septentrional del archipiélago podría haber aumentado en 10 °C en 2090 respecto a las temperaturas registradas en la década de 1980. ●

DATO CURIOSO

El nori es el alga más utilizada en la cocina japonesa y representa el 60 % de la producción total. El wakame y el kombu representan, respectivamente, alrededor del 25 % y el 10 % de la producción.

Umami,
el quinto sabor que ha conquistado el mundo

Umami: tres sílabas para un sabor que cautiva al paladar e invita a repetir. El umami es un «sabor delicioso», con una reputación tan sabrosa como controvertida.

EL UMAMI Y EL DASHI

El caldo dashi es una de las bases de la cocina japonesa: se utiliza en la elaboración de la sopa de miso, de caldos y de salsas y es uno de los principales condensadores de umami, ya que contiene el famoso trío que nos hace salivar. El alga kombu es muy rica en glutamato; las virutas de bonito seco (*katsuobushi*) liberan inosinato y las setas shiitake deshidratadas contienen guanilato.

Este término japonés, derivado de la contracción de *umai* (delicioso) y *mi* (sabor), define desde hace algunas décadas aquello que buscan algunos paladares aficionados a la comida. Es uno de los cinco sabores primarios junto al dulce, el salado, el amargo y el ácido, un círculo cerrado al que se unió en la década de 1980, aunque de eso hablaremos más adelante. Por lo tanto, el umami es un sabor universal de nombre japonés: sea cual sea el idioma del hablante, el término permanece invariablemente japonés.

¿Es japonés este «sabor delicioso», que provoca un deseo casi irresistible de repetir y de volver a experimentar ese sabor que persiste en la boca y que provoca tanto placer? Sí, lo es. Bueno, no del todo. A principios del siglo XIX, el químico Louis Jacques Thénard y el escritor gastrónomo Jean-Anthelme Brillat-Savarin describieron un sabor muy semejante al que hoy llamamos umami y al que ellos llamaron «osmazomo»: «El mayor servicio que la química haya prestado jamás a la ciencia alimentaria es el descubrimiento, o más bien la definición, del osmazomo. El osmazomo es esa parte eminentemente sabrosa de las carnes, que es soluble en agua fría», escribió Brillat-Savarin, en *Fisiología del gusto*, publicado en 1825. «El osmazomo da sabor a los buenos caldos; se carameliza y dora la carne; dora los asados; por último, es el responsable del aroma de la carne de venado y de la carne de caza.» Sin embargo, el osmazomo no obtuvo el éxito del umami. ¿Por qué? Porque detrás del umami no solo se halla el descubrimiento de un químico, sino también el peso de la industria alimentaria y del marketing. Retrocedamos en el tiempo.

«LA ESENCIA DEL SABOR»

Estamos a principios de 1900, en pleno periodo Meiji (1868-1912). Japón, que había abierto sus fronteras al mundo unas décadas antes, se moderniza, se industrializa y extiende su imperio más allá de sus fronteras con una política colonialista. Kikunae Ikeda, profesor de química en la Universidad Imperial de Tokio, se interesa por el sabor umami, que no puede asociar a ninguno de los cuatro sabores primarios. Cuando estudia los ingredientes del caldo dashi, descubre el extracto de ácido glutámico: el glutamato. Patenta la molécula que acaba de extraer, el glutamato monosódico (MSG), y persuade a Suzuki, una empresa productora de yodo, para que produzca y comercialice su descubrimiento. Así nació el *ajinomoto* («la esencia del sabor»), un condimento y potenciador del sabor.

Aunque sus inicios son lentos, esta molécula no tardó en llegar a las cocinas de Japón y de sus colonias, desde las que se extendió por todo el mundo gracias al gran respaldo de las campañas de marketing. Sin embargo, las tornas cambiaron en la década de 1970, cuando el glutamato, un potenciador del sabor sintético, ve cómo su reputación se mancha a medida que los consumidores se alejan de los productos procesados. Pero una vez más, el rodillo de la comunicación «made in Ajinomoto» hace maravillas y le da la vuelta a la situación: el glutamato se rehabilita y la empresa intenta incluso presentarlo como un ingrediente natural. El MSG se convierte así en umami. En 1980, Europa, Estados Unidos y Japón colaboran para convertir al umami en el quinto sabor primario. Es el único sabor

> A diferencia de los otros cuatro sabores (amargo, ácido, dulce y salado), no importa el idioma en el que se use el término umami: nunca se traduce y permanece invariablemente japonés.

del mundo que cuenta con un centro de información dedicado, el Centro de Información Umami (Umami Information Center), una organización sin ánimo de lucro que difunde mucha información científica sobre el tema. Como cabe suponer, está financiado por líderes de la industria japonesa del MSG, incluido… Ajinomoto.

Una sinergia de aminoácidos

El sabor umami se relaciona con la presencia de tres aminoácidos: el ácido glutámico (el famoso glutamato monosódico que se encuentra en las proteínas vegetales o animales), el guanilato disódico (que se encuentra en las setas) y el inosinato disódico (que se encuentra en pescados salados o secos). El umami es el resultado de la sinergia entre estos elementos. Todos estos potenciadores del sabor, que se pueden obtener de forma natural, tienen versiones sintéticas y de peor reputación: E621, E627 y E631.

¿Qué sucede exactamente en nuestras papilas para que sintamos este deseo tan agradable, esta irresistible necesidad blandir el tenedor de nuevo? En 2009, los investigadores identificaron en la lengua receptores gustativos específicos para el glutamato. Es un proceso muy sencillo: los receptores de las papilas gustativas detectan el glutamato y envían un mensaje eléctrico al cerebro. Se trata de un mensaje vinculado al placer que desencadena la activación de las glándulas salivales. Ese es el secreto.

El paso del tiempo

Este sabor de sabores es muy apreciado por los chefs, ya sean

> «El ingrediente que el umami libera de forma natural no es ni más ni menos que el tiempo. Ya proceda de carne, pescado o verduras, el umami se filtra mientras los alimentos se cocinan durante mucho tiempo, maduran, se descomponen, se afinan o fermentan»

japoneses o extranjeros porque el ingrediente que el umami libera de forma natural no es ni más ni menos que el tiempo. Ya proceda de carne, pescado o verduras, el umami se filtra mientras los alimentos se cocinan durante mucho tiempo, maduran, se descomponen, se afinan o fermentan. No es necesario degustar un caldo dashi para sentir este «sabor delicioso». Basta con morder un trozo de parmesano y espolvorearlo sobre pasta cubierta de salsa de tomate; con probar un trozo de carne estofada o con agregar una pizca de salsa de soja a la vinagreta. De hecho, es aún más universal: muchos recién nacidos lo han probado ya, dado que la leche materna es uno de los principales vectores de umami.

 # OKINAWA

Los secretos culinarios
de los centenarios de Okinawa —— 240

Viaje a Oyama, la tierra
de los dioses y del tofu —————— 251

Okinawa, un paraíso tropical bajo
la influencia estadounidense ——— 263

Los secretos culinarios de los centenarios de Okinawa

El archipiélago de Okinawa, ubicado en el extremo sur de Japón y considerado un paraíso tropical, es una de las cinco zonas azules del planeta. Esto significa que aquí hay muchos más centenarios que en cualquier otro lugar del mundo. La longevidad se atribuye a varios factores y la alimentación es uno de ellos.

En el archipiélago de Okinawa viven 1334 centenarios. Es decir, nueve por cada 10 000 habitantes. Esta proporción mete a la parte más meridional de Japón en el exclusivo círculo de las zonas azules, un término inventado por Dan Buettner, del *New York Times*, que designa lugares donde la población de centenarios es especialmente alta. Hay cinco de estos lugares en el mundo: Okinawa; la península de Nicoya en Costa Rica; la isla de Icaria en Grecia; Loma Linda en el sur de California, y, finalmente, Cerdeña en Italia.

Los okinawenses reivindican esta longevidad, con la que también se divierten. Prueba de ello es una piedra ubicada en la entrada del pueblo de Ogimi, al norte de la isla principal de Okinawa. Allí se puede leer, en caracteres japoneses, esta inscripción: «A los 80 años, eres joven. A los 90, si tus antepasados te invitan a unirte a ellos en el paraíso, pídeles que esperen hasta que cumplas 100; entonces ya te lo podrás pensar».

GENÉTICA, VÍNCULOS SOCIALES Y ALIMENTACIÓN

Pero ¿cuál es su secreto? ¿Qué hace que en Okinawa se viva más tiempo y con mejor salud que en cualquier otro lugar de Japón o casi

En 2022, había 1334 centenarios en Okinawa, es decir, nueve por cada 10 000 habitantes. Esta longevidad se explica por tres factores clave: la genética, las prácticas sociales y la alimentación.

del mundo entero? Para saberlo, hay que interesarse por el estilo de vida de sus habitantes, que la comunidad científica estudia desde hace muchos años, sobre todo en el Okinawa Research Center for Longevity Science. Tres factores clave explican esta longevidad: la genética, las prácticas sociales y la alimentación. Sin embargo, es importante no idealizar la vejez: Okinawa cuenta con muchos centenarios, sí, pero hay que señalar que, si bien la mayoría conserva la independencia hasta la mitad de la novena década, una tercera parte experimenta problemas de salud e incapacidades a partir de ese punto.

Los platos de los habitantes del archipiélago no contienen exactamente los mismos alimentos que los de los japoneses de otras islas, aunque la brecha se ha ido reduciendo desde el final de la Segunda Guerra Mundial. Antes de 1945, la dieta tradicional de Okinawa era una mezcla de influencias japonesas, chinas y del sudeste asiático. Una fusión llamada *champuru*, que se podría traducir como «mezcla». En Okinawa, casi no hay arroz blanco y el ingrediente principal era el boniato, que el comercio con los Países Bajos introdujo en el archipiélago tropical a principios del siglo XVII.

OKINAWA Y LA OCUPACIÓN ESTADOUNIDENSE

El 1 de abril de 1945, el desembarco de decenas de miles de soldados estadounidenses en las playas de Okinawa anticipó el futuro asalto al archipiélago principal de Japón. Estados Unidos se hizo con el control del territorio tras 82 días de combates intensos. La ocupación estadounidense terminó en 1952, aunque hubo que esperar hasta 1972 para que las islas de Okinawa fueran devueltas a Japón. Sin embargo, Estados Unidos todavía mantiene allí bases militares que sirven tanto como campos de entrenamiento como cabezas de puente estratégicas. Los números hablan por sí mismos: aunque Okinawa representa solo el 0,6 % de la superficie de Japón, más del 70 % de la superficie total de las instalaciones militares estadounidenses en Japón se encuentra en su suelo.

UNA DIETA CASI VEGETARIANA

Entre los alimentos básicos también había raíces vegetales, verduras de hoja verde, productos de soja y sopa de miso. Todo esto, a menudo cocido al vapor o estofado. Además de estos alimentos, también se consumían pescado y carne magra en pequeñas porciones, de modo que los alimentos de origen vegetal ocupaban un lugar predominante. Siempre se condimentaban con hierbas y especias o con caldo de bonito en lugar de sal. La dieta tradicional de Okinawa es rica en minerales y vitaminas esenciales, así como en antioxidantes, al igual que otras dietas saludables, como la dieta mediterránea tradicional. Estas dietas ayudan a reducir el riesgo de enfermedades cardiovasculares, enfermedades crónicas y algunos tipos de cáncer.

Otra característica de la dieta tradicional de Okinawa es la práctica de lo que en estas islas se conoce como *hara hachi bu*, una doctrina que consiste en «comer hasta estar 80 % lleno». Las comidas constan así de múltiples porciones pequeñas y se deja de comer antes de llegar a la sensación de saciedad. Otro aspecto emblemático de la cultura culinaria de la isla es el *nuchi gusui*, que concibe la comida como «medicina». Los

diversos platos típicos de la isla combinan frutas y verduras «clásicas» y hierbas y especias con propiedades medicinales, como el getto, una planta con flores y bayas rojas rica en antioxidantes, o el umibudo, un alga cultivada exclusivamente en el archipiélago y que se asemeja a un pequeño racimo de uvas, una verdadera bomba nutricional rica en hierro, magnesio y minerales.

EL IMPACTO DE LA OCUPACIÓN ESTADOUNIDENSE

Aunque las personas mayores aún siguen esta dieta tradicional, el contenido de los platos okinawenses ha cambiado desde el final de la Segunda Guerra Mundial y la ocupación de la isla por las fuerzas armadas estadounidenses. Poco a poco, el arroz comenzó a ganar terreno al boniato y los estantes de las tiendas de comestibles se llenaron de productos importados. Las generaciones más jóvenes se alejan de la dieta tradicional y consumen más alimentos procesados, ricos en carbohidratos rápidos, grasas saturadas y sodio. Estos cambios han afectado al envejecimiento saludable, como ya está comenzando a notar el Okinawa Research Center for Longevity Science. Pero la alimentación no lo es todo. Como se ha mencionado antes, estos cien años de vida se explican por una combinación de factores y uno de ellos es la genética. Se ha demostrado que los habitantes de Okinawa son mayoritariamente portadores de una variante del gen Fox03, que interviene en la regulación del metabolismo y el crecimiento celular, lo que reduce el riesgo de cáncer y otras enfermedades asociadas a la edad. Los vínculos sociales, muy densos en el archipiélago, también desempeñan un papel clave en el envejecimiento saludable. Si bien en Japón los vínculos interpersonales se tejen principalmente alrededor de la familia, parece que en este pequeño conjunto de islas tropicales se da más importancia a los círculos de amigos y de vecinos. En Okinawa se habla de *moai*, una tradición que fomenta las relaciones sociales entre grupos pequeños de personas que se apoyan emocional o financieramente y que evitan que sus miembros se queden aislados.

La longevidad de los habitantes de Okinawa es el resultado de una valiosa combinación de factores que podría inspirar a las sociedades occidentales. Pero, como destaca el profesor Donald Craig Willcox de la Universidad Internacional de Okinawa: «Necesitamos muchos más años de investigación para entender el papel concreto que desempeña cada uno de los distintos factores y descubrir el secreto del elixir de la juventud del archipiélago de Okinawa».

juuchii

300 g de arroz redondo

200 g de panceta de cerdo, en un taco

50 g de *kamaboko* o de *surimi*

4 setas shiitake secas

1 zanahoria

20 g de alga *hijiki* cocida (o 1 oreja de viejita [*Auricularia nigricans*] rehidratada en agua)

Caldo de cocción

2 cdas. de salsa de soja

2 cdas. de mirin

1 cda. de sake

2 cdtas. de dashi en polvo

Preparación

Lava y enjuaga el arroz con cuidado para evitar que los granos se rompan. Déjalo en remojo durante un mínimo de 30 min y, luego, escúrrelo.

Corta el pie de las setas shiitake secas. Pon las setas en remojo en 200 ml de agua caliente durante 30 min. Córtalas en dados de 1 cm de lado.

Escurre el alga *hijiki* (o las orejas de viejita rehidratadas en agua y cortadas finas) en un colador.

Pela la zanahoria y córtala en dados de 1 cm de lado.

Corta el *kamaboko* en dados de 1 cm de lado.

En una olla, hierve 500 ml de agua y añade el taco de panceta de cerdo; cuécela durante 30 min a fuego medio. Espuma la superficie si es necesario. Saca la carne del agua cuando se haya hecho del todo. Reserva el agua de cocción.

Cuando puedas manipular la carne sin quemarte, córtala en dados de 1 cm de lado.

Deposita el arroz escurrido en una arrocera o en una cazuela. Mide el caldo con los ingredientes del caldo de cocción de modo que el volumen total del líquido sea de 400 ml. Vierte el caldo sobre el arroz.

Añade el resto de los ingredientes cortados al arroz, remueve bien y cuece. Si usas una cazuela, caliéntala a fuego vivo durante 5 min y luego reduce a fuego bajo y prolonga la cocción durante 10 min. Apaga el fuego y deja reposar otros 10 min, sin quitar la tapa.

Una vez hecho el arroz, corta los ingredientes para mezclarlo todo y pásalo a un bol. Sirve caliente, acompañado de una sopa de miso de Okinawa.

レシピブック　　Dificultad ●○○　　5 raciones　　Preparación: 2 h
Cocción: 3 h 50 min

soba de okinawa

200 g de panceta de cerdo, en un taco

10 rodajas de *kamaboko* o *surimi*

2 cebolletas o ½ manojo de cebollino

3 cdas. de *awamori*

3 cdas. de azúcar moreno

3 cdas. de salsa de soja

Fideos de Okinawa

500 g de harina panificable T55

1 huevo

200-300 ml de agua filtrada

2-3 puñados de fécula de patata

1 cda. de aceite vegetal

1 cda. de bicarbonato de sodio

2 cdtas. de sal

Caldo para soba

1,5-2 kg de huesos de cerdo (costillas, espalda...)

2-3 l de agua

200 ml de caldo *dashi katsuobushi*

2 cdas. de salsa de soja

2 cdas. de sal

Jengibre marinado rojo (opcional)

Chile marinado con *awamori* (opcional)

Fideos

En un bol pequeño, mezcla el bicarbonato, la sal, el huevo y el agua.

En un bol grande, vierte la harina tamizada y, luego, el contenido del primer bol, trazando un círculo sobre la harina.

Mezcla primero con palillos y, luego, amasa durante 10 min.

Una vez obtengas una masa homogénea y sin grumos, forma una bola y envuélvela en una bolsa de plástico. Déjala reposar durante 60-90 min.

Divide la bola en cuatro partes iguales; espolvoréalas todas con fécula de patata, para que no se peguen. Aplana la masa con un rodillo hasta que obtengas una lámina de 1-2 mm de grosor.

Añade la fécula, dobla la masa en cuatro y corta cintas de 3-5 mm de ancho: los fideos. Añade más fécula, para desenredar los fideos y que no se peguen entre ellos.

Preparación del caldo

Lava los huesos de cerdo con agua hirviendo. Mételos en una cazuela. Vierte agua hasta cubrirlos por completo y añade el taco de panceta de cerdo, que cocerás al mismo tiempo.

Cuece a fuego medio. Espuma mientras el agua hierve y reduce el fuego. Cuece a fuego bajo durante 2-3 h y espuma con regularidad, hasta que el caldo se haya reducido a la mitad.

Retira el taco de panceta, retira el exceso de grasa de la superficie del caldo si es necesario y fíltralo. Añade el caldo dashi, la sal y la salsa de soja. La sopa está lista.

Cuece la panceta con *awamori*, azúcar moreno y salsa de soja durante 30-50 min, hasta que adquiera un color intenso y brillante. Córtala en lonchas.

Corta el *kamaboko* en rodajas y lamina el cebollino.

En una olla grande, hierve agua con una pizca de sal y cuece los fideos durante unos 2 min. Dales golpecitos antes de meterlos en el agua, para que la fécula se desprenda. Estarán hechos cuando asciendan a la superficie. Escúrrelos.

En un bol, mezcla la sopa, los fideos y decora con lonchas de panceta, *kamaboko* y cebollino. Si te apetece, añade jengibre y un poco de chile marinado. ¡Sirve caliente!

ninjin shirishiri

- 1 lata de atún al natural
- 2 huevos
- 2 zanahorias
- 1 cda. de dashi kombu en polvo
- 1 cda. de aceite vegetal
- 1 cdta. de salsa de soja
- 1 pizca de sal y pimienta

Preparación

Ralla las zanahorias. Escurre el atún.

En una sartén, vierte el aceite y saltea la zanahoria rallada. Luego, añade el atún y cuécelo ligeramente.

Añade la sal, la pimienta, la salsa de soja y el dashi en polvo. Mantén la sartén en el fuego.

Para terminar, añade los huevos batidos, espera a que cuajen un poco y apaga el fuego. Sirve con o sobre arroz redondo. ¡Está buenísimo!

Viaje a Oyama, la tierra de los dioses y del tofu

El tofu es una bomba de proteínas vegetales y una alternativa perfecta para los productos cárnicos, además de una de las estrellas de la cocina japonesa. Aunque su consumo no hace más que aumentar, la cantidad de fábricas artesanales se reduce año tras año.

Reunirse con Takuya Aihara y Mika Shimizu, fabricantes artesanales de tofu, requiere esfuerzo. Hay que salir del laberinto de la megalópolis tokiota; llegar, en algo más de una hora, a la estación de Isehara en la prefectura de Kanagawa; y subir a un autobús que serpentea por el centro de la ciudad antes de continuar su viaje entre campos. A medida que avanzan los kilómetros, las casas se espacian, el vacío gana terreno y el espacio abierto revela el verde intenso de una vegetación que reclama su lugar. Al cabo de media hora, las puertas del autobús se abren en Oyama, un pequeño pueblo de pocas almas acurrucado en la ladera del monte sagrado homónimo. Aquí, el tiempo parece haberse detenido, marcado por el sonido del agua que desciende por la pendiente y, a su paso, divide a el pueblo en dos. En las calles, algunos comercios mantienen su actividad, gracias sobre todo a los numerosos peregrinajes al santuario en la cima de la montaña. Oyama es conocida por su importancia sagrada, pero también por la calidad de su tofu, del que se dice que debe gran parte de su sabor y suavidad a la calidad del agua del lugar. Cada marzo, se celebra allí un *matsuri* (festival) dedicado a este queso de soja. Takuya Aihara y Mika Shimizu son las cuatro manos de oro que preparan a diario y de manera artesanal múltiples tipos de tofu. En su taller-tienda de unos veinte metros cuadrados, inventan desde junio de 2006 recetas con sabores vegetales para complementar la gama de tofu «natural» y más tradicional.

Ambos son de Oyama y comenzaron su actividad en un *ryokan*[1] propiedad de la familia de Takuya. Él estaba en la cocina y ella formaba parte del personal a cargo de las habitaciones. En aquel entonces, servían la famosa cocina *kaiseki*, la forma más tradicional de la gastronomía japonesa que sirve varios platos a la vez. «Veíamos que a los turistas les encantaban los platos de tofu, así que se nos ocurrió la idea de lanzarnos para que la gente pudiera llevarse algo como recuerdo del viaje»,

[1] Albergue tradicional japonés.

explica Mika. Takuya y ella aprendieron los pasos y los secretos de la fabricación de tofu de un artesano del pueblo que se disponía a cerrar su tienda y, unos meses después, abrieron su propia fábrica, justo enfrente del *ryokan*. Hace 17 años que el ritmo casi métrico del tofu marca los días de esta pareja que, con 45 y 49 años de edad, sigue ansiosa por descubrir recetas nuevas.

PASOS PRECISOS

Se tardan unas ocho horas, además del trabajo de preparación, en obtener un bloque de tofu. Cada noche, antes de cerrar la tienda, Takuya y Mika seleccionan cuidadosamente las semillas de soja y las ponen en remojo en agua durante un tiempo que varía de una noche a dieciocho horas, según el tipo de tofu que vayan a elaborar. «Trabajamos exclusivamente con soja de Hokkaido, porque creemos que es la mejor del país. Tiene un sabor muy denso y, al mismo tiempo, sutil y delicado», explica Mika. Por la mañana, en las primeras horas del día, Takuya se instala en la trastienda y comienza a preparar tofu. «La calidad del tofu depende sobre todo de la calidad de los ingredientes, porque son muy pocos. Para hacer tofu, solo se necesita soja, agua y un coagulante llamado *nigari*, que se extrae del agua de mar y es muy rico en minerales.» Primero, las semillas extraídas del agua del remojo se trituran y se mezclan con agua, lo que da como resultado una especie de sopa de soja llamada *go*, que se lleva a ebullición. Después de la cocción, las partes insolubles, llamadas *okara*, se separan del líquido de soja, al que se agrega un coagulante para cuajarlo.

TOFU FIRME O TOFU SEDOSO

El siguiente paso depende del tipo de tofu que se desee, como explica Takuya. «Si se desea tofu sedoso, que en japonés se llama *kinugoshi*, la bebida de soja ha de ser más concentrada y, por lo tanto, se le agrega poca agua y se vuelca en un molde no perforado, se mezcla bien con el *nigari* y se deja endurecer lentamente durante varias horas. El *kinu* (el material obtenido) no se prensa ni se escurre, sino que se envasa directamente.» El procedimiento es distinto para el tofu firme, o *momen*. «Una vez que la bebida de soja ha cuajado, se desmenuza y se extiende sobre un paño de algodón, que se deposita en un molde perforado. Luego, se presiona la preparación con más o menos fuerza, según la cantidad de líquido que se quiera extraer. De eso depende el nivel de firmeza del tofu», continúa Takuya. Luego, la preparación se moldea y se corta para ser empaquetada. «El corte siempre se practica en un recipiente con agua», aclara Mika. «Así se evita dañar el tofu y, como la aspereza de la hoja del cuchillo se suaviza con el agua, el corte es más suave».

En la fábrica, la pareja se reparte las tareas de preparación, envasado, venta y reparto en los alrededores, tanto a particulares como a cocineros profesionales. Entre sus recetas encontramos la de tofu sedoso, un tipo de tofu muy suave cuya consistencia recuerda a la del yogur o la nata y que se puede disfrutar solo con unas gotas de salsa de soja o con una pizca de sal. «La salinidad realza la suavidad de este tipo de tofu», comenta Mika. Producen tofu firme clásico, que complementan con sabores vegetales: el *yomogi*, con notas de hojas de ajenjo; el *hojicha*, que ofrece al paladar el sabor del té verde tostado en madera de cedro; el *murasaki imo*, que destaca por el boniato; y finalmente, el *kurogoma*, un tofu gris oscuro con sabor a sésamo negro. «El tofu es un alimento cuyo sabor, textura y consistencia varían enormemente de una temporada a otra. No hay dos tofus artesanales idénticos. La temperatura del aire y del agua, la frescura de las semillas, la humedad… todo esto afecta al resultado», aclara Takuya.

LA ARTESANÍA EN PELIGRO

El consumo de este alimento rico en proteínas aumenta sin pausa en Japón. Según un estudio del Ministerio de Interior y de Comunicación, el tofu es la estrella de los productos de consumo doméstico a base de soja y supera al *natto*. De hecho, durante los últimos veinte años, se ha observado un aumento del consumo de 4,6 paquetes de tofu por hogar y año. Sin embargo, este crecimiento viene acompañado de la pérdida de fábricas artesanales de tofu. Los artesanos independientes tienen dificultades para mantenerse a flote frente a los precios cada vez más bajos de los grandes fabricantes y de las cooperativas de venta especializadas que venden sus productos en supermercados y en tiendas de comestibles. Los números son claros. La Zenkoku tofu rengokai, la Asociación Nacional de Productores de Tofu, contaba, en 2019, con 5713 fábricas artesanales, frente a las 51 600 que operaban en 1961. ■

EL TOFU NO ES UN ALIMENTO DE ORIGEN JAPONÉS

El tofu llegó al archipiélago en el siglo VIII, con el regreso de monjes e intelectuales nipones enviados a China. En cuanto a su consumo, se generalizó sobre todo en los monasterios a partir del periodo Kamakura (1185-1333), durante el que el budismo zen arraigó en el archipiélago. A principios del periodo Edo (1603-1867), el tofu se consumía en ocasiones especiales como O Bon o Año Nuevo, y sobre todo en círculos privilegiados. Se democratizó a mediados del siglo XVIII, gracias a la publicación del libro *Tofu hyakuchin* (*Cien platos con tofu*), que dedica centenares de páginas a recetas para disfrutarlo crudo, cocido, hervido, asado o frito.

La calidad del tofu depende principalmente de la calidad de los ingredientes, porque son muy pocos. Para hacer tofu, solo se necesita soja, agua y un coagulante llamado nigari, que se extrae del agua de mar y es muy rico en minerales.

goya champuru

½ bloque (150-200 g) de tofu firme

100 g de panceta de cerdo en lonchas finas

1 huevo

½ melón amargo (o 1 entero si es pequeño)

½ cdta. de azúcar

1 cda. de aceite vegetal

1 cda. de aceite de sésamo

2 cdtas. de salsa de soja

¼ cdta. + 1 pizca de sal

El tofu de Okinawa de esta receta es más denso y firme que el que se puede encontrar en Europa. Hay que darle más firmeza y prensarlo para reducir el contenido en agua y evitar así que se rompa al cocinarlo. Para ello, envuelve un bloque de tofu firme en un cuadrado de estameña de cocina o de papel de cocina absorbente. Deposita el tofu envuelto en un colador y ponle un plato encima para prensarlo. Déjalo así durante 1 h para eliminar el agua.

Una vez prensado, desmenuza a mano el tofu en trozos del tamaño de un bocado.

Preparación del melón amargo

Corta las puntas del melón amargo, córtalo longitudinalmente por la mitad y retira con una cucharilla las pepitas y la pulpa blanca blanda. Córtalo en medialunas de 5 mm de grosor.

Deposita en un bol el melón amargo cortado, la sal y el azúcar, remueve con los palillos y deja reposar durante 5 min, para suavizar el amargor de la verdura. (Si prefieres conservar el sabor amargo, no añadas el azúcar.)

Corta las lonchas de panceta de cerdo en láminas de 3-4 cm de ancho y salpimiéntalas.

Calienta el aceite vegetal en una sartén y dora ligeramente el tofu a fuego medio. Resérvalo en un plato.

Vierte el aceite de sésamo en la misma sartén y saltea el melón amargo a fuego medio. Retíralo del fuego antes de que se haya hecho del todo, porque se seguirá cociendo con el resto de los ingredientes. Resérvalo en un plato.

En la misma sartén, dora las lonchas de panceta por ambas caras. Cuando se empiece a dorar, añade el tofu y el melón amargo que has reservado anteriormente.

Saltea con una pizca de sal y pimienta. Ahora, bate el huevo y viértelo por encima de modo que cubra toda la base de la sartén. Espera unos segundos, para que cuaje y te permita integrar todos los ingredientes.

Por último, añade la salsa de soja, remueve con suavidad y apaga el fuego. Sirve caliente con o sobre arroz.

| Dificultad ●○○ | 2 raciones | Preparación: 15 min
Cocción: 15 min

sopa de miso con tofu

- 1 bloque (unos 200 g) de tofu de Okinawa o de tofu firme cortado en dados
- ½ loncha (unos 50 g) de aguja de cerdo cortada a tiras
- 2 huevos
- ¼ de zanahoria en rodajas gruesas
- ¼ de cebolla en rodajas no muy finas
- 2 hojas de choudou o de col blanca cortadas groseramente
- 50 g de *shimeji* o de champiñones cortados en trozos del tamaño de un bocado
- 50 g de brotes de soja lavados y escurridos
- ½ manojo de cebollino picado fino
- 400 ml de caldo *dashi katsuobushi*
- 2-3 cdas. de sopa de miso
- ½ cda. de aceite vegetal

Preparación

En una olla, saltea ligeramente en aceite vegetal la cebolla, la carne de cerdo y la zanahoria.

Añade al caldo dashi. Lleva a ebullición y añade la col, las setas, los brotes de soja y el tofu.

Añade el miso y remueve con suavidad hasta que se disuelva.

Casca con cuidado los huevos de uno en uno sobre el caldo y tapa la olla para que se cuezan.

Sirve la sopa caliente sin romper los huevos y acompañada de arroz redondo.

tofu yo

- 1 kg de tofu de Okinawa (o de tofu muy firme si no lo encuentras)
- 330 g de koji de arroz (o de koji de miso)
- 50 ml de *awamori* + lo necesario para enjuagar el tofu (o shōchū de más de 40°)
- 1 cdta. de azúcar
- 40 g + 1 cdta. de sal

Preparación

Deja el koji de arroz durante 10 días en remojo en el *awamori*. Una vez se haya ablandado, maja el koji en un mortero. (El koji rojo es muy difícil de encontrar en Europa, por lo que en casa hemos preparado esta receta sin él.)

Añade la sal y el azúcar para preparar el líquido del remojo.

El tofu de Okinawa es especialmente firme, denso y sólido. Para reproducirlo, prensa el tofu firme poniendo encima un peso de 500 g durante 3-5 h, para eliminar el agua.

Seca el tofu, córtalo en dados de 2 cm y déjalos secar 1 día a la sombra en un colador. Dales la vuelta de vez en cuando y, si hace calor, lleva a cabo el secado en el frigorífico.

Esparce sal sobre los dados de tofu seco.

Vuélvelos a secar otra vez en un colador 1 día a la sombra y dales la vuelta cada 2 h. Si hace calor, lleva a cabo el secado en el frigorífico.

Cuando esté seco, riega el tofu con awamori.

Hierve un recipiente para esterilizarlo y sécalo. Deposita dentro los dados de tofu y el líquido del remojo. Asegúrate de que cubra el tofu por completo.

Cierra el recipiente herméticamente. El proceso ha terminado.

El tofu yo se puede consumir a partir de los 2 meses, pero estará mucho mejor a partir de los 6 meses. Se suele consumir en pequeñas cantidades, con los dados pinchados en palillos.

Okinawa, un paraíso tropical bajo la influencia estadounidense

El archipiélago de Okinawa, ocupado por el ejército estadounidense desde el final de la Segunda Guerra Mundial hasta 1972, aún alberga numerosas bases militares. Esta presencia influye en su cultura alimentaria, entre otras cosas.

«Born in America, raised in Okinawa»: la marca de helados Blue Seal, con su lema y su logotipo en colores naranja y azul decorado con una ola, ilustra a la perfección la influencia estadounidense en las islas del extremo sur de Japón. La historia es como sigue: la empresa estadounidense Foremost Blue Seal estableció en 1968 una de sus fábricas en la base militar de Tengan (Uruma) para suministrar productos lácteos a las tropas y llevar parte del sabor de América a esta isla tropical de Japón. Inicialmente reservados a los estadounidenses, estos helados se ofrecieron a los okinawenses a partir de 1963, cuando los productos lácteos aún no formaban parte de su dieta. Ahora, la marca cuenta con diez tiendas en Okinawa, su logotipo se muestra en todas partes, desde restaurantes hasta supermercados, y Blue Seal está bajo control local.

Otro cambio: la mayoría de los treinta sabores que ofrece se fabrican con ingredientes regionales. Hay helados de lima, o *shikuwasa*, de boniato o incluso de goya, un melón amargo. «Okinawa se ha visto muy marcada por la colonización, pero los okinawenses han utilizado sus especificidades para innovar y convertir su cultura en el híbrido que

 DE LA INDEPENDENCIA A LA ANEXIÓN POR JAPÓN

Este archipiélago, geográficamente mucho más cercano a Taiwán que a Tokio, fue el reino independiente de Ryukyu, que comerciaba principalmente con China y Japón. En 1609, el clan Shimazu originario de la isla de Kyushu invadió Okinawa y las islas fueron integradas en el sistema feudal japonés. En 1872, se convirtió en el dominio de Ryukyu, antes de ser anexado definitivamente por el gobierno japonés en 1879. En la cultura culinaria, esto se traduce en la predominancia del cultivo del boniato, dado que el clima y la topografía locales impedían cultivar el arroz.

es hoy», explica Takeshi Watanabe, profesor de estudios del este asiático y especialista en el análisis de la cultura japonesa a través de la comida.

DE LA INDEPENDENCIA A LA OCUPACIÓN ESTADOUNIDENSE

Hablar de Okinawa significa hablar de playas de arena blanca y aguas cristalinas. O de la increíble longevidad de sus habitantes, ya que la isla cuenta con un número especialmente elevado de centenarios. Sin embargo, este paraíso tropical para turistas, ya sean japoneses o extranjeros, fue escenario de eventos históricos clave. Aquí, entre abril y junio de 1945, tuvo lugar la batalla de Okinawa de la Segunda Guerra Mundial. Luego, Estados Unidos utilizó las pequeñas islas como base desde la que lanzar el asalto final contra Japón e intensificar sus ataques. El 90 % de los edificios de la isla principal fueron derribados y unos 150 000 civiles murieron asesinados. Al final de la guerra, Estados Unidos siguió administrando este pequeño archipiélago, que ocupó mediante bases militares. Japón no recuperó Okinawa hasta 1972, aunque la presencia estadounidense no ha desaparecido. Los números hablan por sí solos: aunque las islas que forman Okinawa solo representan el 0,6 % de la superficie de Japón, concentran el 70 % de las bases estadounidenses del país, con 56 000 ciudadanos estadounidenses.

ROOT BEER, HAMBURGUESAS Y SPAM

La ocupación estadounidense marcó la cultura de la isla y, sobre todo, su cultura culinaria. Blue Seal es una síntesis perfecta de ello, aunque no es el único ejemplo. A principios de la década de 1960, Okinawa descubrió la comida rápida a través de la cadena A&W, que eligió la isla para abrir su primera franquicia fuera del territorio estadounidense. Luego, llegaron a las islas la *root beer*, una bebida gaseosa con sabor a vainilla, regaliz y nuez moscada; las hamburguesas y las patatas onduladas. Los habitantes pedían en el *drive-in*, mientras escuchaban la lista de reproducción de la American Forces Network retransmitida desde la base militar. Hoy aún quedan 26 establecimientos que parecen sacados de la década de 1960 y que salpican el archipiélago.

Eso no es todo. Los paladares de los habitantes de Okinawa descubrieron los nuevos sabores que invadieron los estantes de los supermercados para calmar la nostalgia de los estadounidenses destinados allí. Como el *spam*, carne y grasa de cerdo en conserva que se puede consumir frío, caliente o cocinado, y el *luncheon meat*, un jamón también enlatado. Este último se hizo popular durante la guerra y el cerdo, a diferencia de la ternera, se abrió paso poco a poco entre los platos típicos de Okinawa. Es el caso, por ejemplo, del *goya chanpuru*, un salteado de melón amargo, tofu, huevo y, por supuesto, cerdo, que también aparece en onigiris, tempuras o la sopa de miso. El *luncheon meat* sigue siendo un éxito: los habitantes del archipiélago de Okinawa, que representan el 1,1 % de la población japonesa, consumen más del 90 % de todo el que se consume en Japón.

El *takoraisu*, un plato que combina carne de ternera tipo tex-mex con arroz japonés, es otro ejemplo. «Muchos de los soldados estadounidenses destinados a Okinawa durante la Segunda Guerra Mundial eran de origen hispano y querían comida que les recordara a los sabores tex-mex de su suroeste

> «Okinawa se ha visto muy marcada por la colonización, pero los okinawenses han utilizado sus especificidades para innovar y convertir su cultura en el híbrido que es hoy», dice Takeshi Watanabe.

natal», cuenta el profesor Takeshi Watanabe. «Preparaban tacos sencillos con los medios de que disponían, como carne picada condimentada y verduras baratas. Los tacos de las bases militares se volvieron omnipresentes en Okinawa.» Los cocineros locales tomaron el relevo y combinaron el relleno de los tacos con arroz de grano corto. «Entonces, el *tako-raisu* supone tanto la integración de la influencia japonesa y estadounidense por parte de los cocineros como la expresión de una parte cultural propia de Okinawa. Ahora, el plato se considera claramente okinawense», concluye Takeshi Watanabe.

UN ENCLAVE OKINAWENSE EN TOKIO

La cultura de Okinawa también late en Honshu, la isla principal del archipiélago japonés. Uno de estos enclaves está en el barrio de Kabukicho, en pleno corazón tokiota. El tercer piso de un edificio alberga un restaurante donde, al caer la noche, resuenan la música y las canciones de Okinawa. Por supuesto, en los platos encontramos *goya champuru*, pero también *soki soba* con carne de cerdo y, claro está, el famoso *luncheon meat*. En las copas, fluye el awamori, un licor de arroz fabricado exclusivamente en Okinawa. Bienvenidos a Okinawa Paradise, un colorido recinto decorado con farolillos de papel con el logo de la marca de cerveza local Orion y dirigido por Shingo Tamaki, nativo de estas islas tropicales situadas a más de 1500 kilómetros de distancia.

Mientras empuña el *sanshin*, un instrumento de cuerdas pulsadas que acompaña a las canciones tradicionales de las islas Ryukyu, y ajusta su atuendo tradicional, nos habla de la necesidad imperiosa de tener un establecimiento como el suyo en la megalópolis. «Es un punto de referencia tanto para los okinawenses que tuvieron que abandonar la isla para encontrar trabajo como para los que vienen de visita. Nos permite reunirnos y conservar parte de nuestra cultura», explica. También por eso organiza conciertos de música o canciones tradicionales varias veces por semana. «Cantar, tocar el sanshin, comer los platos de nuestras islas... todo esto contribuye a que el corazón de nuestra cultura siga latiendo. Okinawa es resistente y es importante mostrarlo.»

NOMIMONO

Chadō, el camino del té ——— 268

El sake, el néctar de los dioses ——— 276

El paraíso de las máquinas expendedoras ——— 283

Bebidas y refrescos: visita guiada — 286

El *boom* del whisky japonés ——— 288

El shōchū, ese gran desconocido — 293

Chadō, el camino del té

La ceremonia del té es un ritual tradicional japonés y ha impregnado múltiples aspectos de la cultura nipona, mucho más allá del propio té. Ha influido especialmente en la arquitectura, en el paisajismo y en la cerámica.

Asistir a una ceremonia del té significa participar en una de las tradiciones japonesas más emblemáticas y descubrir un mundo donde el tiempo parece haberse detenido, donde cada gesto cuenta y donde el azar no tiene cabida. Es una danza codificada que se remonta a hace varios siglos y cuya transmisión se sigue tratando con el mayor esmero. La preparación, el servicio y la degustación del té describen múltiples símbolos y etapas, pero ponerlos por escrito sería un tanto indigesto y afectaría a la magia y a la sacralidad que rodean estos momentos. Sin embargo, la ceremonia oculta una parte de la historia ineludiblemente vinculada al budismo, a la evolución del papel de la mujer a lo largo de los siglos y a las creaciones arquitectónicas o manufacturadas. Todos estos elementos nos permiten profundizar en la sociedad japonesa. Veámoslo.

Primero está el té, que llegó directamente de la vecina China a través del budismo. Era el siglo VIII y el té se consumía principalmente por sus propiedades medicinales. La preciada harina de té verde, el célebre té matcha, se empezó a importar (también desde China) a finales del siglo XII, durante el periodo Kamakura (1185-1333) y gracias a Eisai, el fundador de la escuela de budismo zen japonés Rinzai. Al principio, esta harina de té verde en polvo se guardaba celosamente entre los muros de los templos budistas, donde ayudaba a los monjes a meditar.

LA CULTURA DEL TÉ EN JAPÓN

La mayoría de las zonas productoras de té japonés están en el sur del país. La región de Shizuoka, cercana al monte Fuji, es la principal y allí se cultiva el 40 % del té verde japonés. Otro centro de cultivo de té es la isla de Kyushu, cuyas tierras volcánicas y clima subtropical confieren a sus tés múltiples sabores. Finalmente, Uji es la ciudad por excelencia del té japonés. Allí se cultivan los famosos sencha y matcha y, sobre todo, el *gyokuro*, cuyo nombre se traduce como «perla de rocío»: un té umbrío que se cosecha en primavera y que es el más delicado y prestigioso del archipiélago.

LA BEBIDA DE GUERREROS Y ARISTÓCRATAS

Algo más adelante, durante el periodo Muromachi (1336-1573), el matcha salió de las celdas monacales y guerreros y señores hicieron de esta bebida un elemento indispensable en sus *chakai*, unos banquetes donde el matcha y el sake fluían abundantemente y donde, con el pretexto de la sociabilidad, las élites exhibían sus prendas más elegantes. Estas fiestas entraron en declive un siglo después, cuando Murata Shuko (1423-1502), un maestro del té, prohibió el consumo de sake en estos banquetes y promovió los *wabi-cha*, unas ceremonias protagonizadas por la sencillez y en las que se prohibía toda ostentación. Fue así como empezó a tomar forma la ceremonia del té que conocemos hoy. Sen no Rikyū (1522-1591), otro maestro del té, instituyó los preceptos de la ceremonia, siete en total, en el siglo XVI. Ahora es un evento donde predomina la espiritualidad y que honra los valores cardinales de pureza (*sei*), serenidad (*jaku*), armonía (*wa*) y respeto (*kei*). Rikyū escribió:

«Prepara un delicioso bol de té.
Coloca el carbón para
que caliente el agua.
Dispón las flores como crecen
en el campo.
Evoca la frescura en verano,
y el calor en invierno.
Anticípate a cada
cosa en el tiempo.
Prepárate para la lluvia incluso
si no llueve.
Presta la mayor atención
a todos y cada uno
de tus invitados.»

EL NACIMIENTO DE LOS SALONES DE TÉ

Más allá de estas reglas, la ceremonia del té y, en un sentido más amplio, el camino del té, o *chadō*, ha dado lugar a otros elementos esenciales de la cultura japonesa. En primer lugar, los salones de té, unos edificios específicos llamados *chashitsu*, en una combinación de los términos *cha*, que significa «té», y *shitsu*, que significa «habitación». Estos salones constan de dos espacios: en uno se degusta el té y, en el otro, el anfitrión prepara lo necesario para la ceremonia. Los *chashitsu* cuentan con una superficie total de dos tatamis (el tamaño aproximado de los tatamis es de 91 × 182 cm) y tienen una puerta principal de unos 51 × 69 cm, que se encuentra a unos 30 cm del suelo, lo que obliga a los señores a abandonar sus espadas y a entrar inclinados para encontrarse con el maestro del té. La jerarquía y las diferencias sociales desaparecen en estas salas sencillas y de apariencia rústica. En la prolongación de los salones de té se desarrolla un arte paisajístico muy específico llamado *roji*. A diferencia de los jardines secos o de los jardines de paseo que se crean con el único propósito de ser contemplados, el *roji*, es decir, el jardín que conduce al pabellón de té, es un lugar de paso. Se cruza para llegar al espacio donde tiene lugar la ceremonia y se concibe como un lugar de transición, donde los invitados preparan sus mentes para la ceremonia que está a punto de comenzar. El *roji* consta de tres elementos distintivos: el *tsukubai*, la fuente para purificar las manos y la boca antes de asistir a la ceremonia; los *ishi doro*, unos faroles de piedra; y las *tobi ishi*, las famosas losas japonesas, unas piedras planas que permiten circular por el jardín sin dañar el suelo. Esta estética sigue influyendo en la de los jardines japoneses contemporáneos.

EL AUGE DE LA CERÁMICA

El arte de la cerámica también se desarrolló a raíz de la ceremonia del té. Al principio, el té se bebía en boles de origen chino, de celadón o de porcelana blanca, pero la costumbre fue evolucionando a medida que la ceremonia adquiría complejidad. A partir del siglo XVI, los maestros del té prefirieron cerámicas más rústicas y menos uniformes, como los boles *raku*, una técnica de esmaltado con colores terrosos y de origen coreano que aparece principalmente en la región de Kioto, o como los boles salidos directamente de los hornos de la región de Bizen en Kyushu, de gres y sin esmaltar, por lo que tienen un acabado mate.

¿UNA CUESTIÓN DE GÉNERO?

Al comienzo, el camino del té era exclusivamente masculino. El salón de té era el mundo de los señores y de los samuráis, un espacio donde las mujeres no tenían cabida. Hubo que esperar al periodo Meiji (1868-1912) para que el país se abriera al mundo y las mujeres pudieran cruzar el umbral de estos salones, que se feminizan. Las mujeres podían ser maestras del té, pero solo de las variantes más simples de la ceremonia. La enseñanza del té no se abrió más a las mujeres hasta la Segunda Guerra Mundial. Había llegado por fin el momento en que podían ser maestras de la ceremonia completa del *chanoyu*, que se podría traducir como «agua caliente para el té». Ahora son fundamentalmente las mujeres, y no los hombres, las encargadas de perpetuar este arte tradicional japonés. ▪

EL TÉ EN CIFRAS

En 2021, la superficie cultivada en Japón fue de 39 000 hectáreas, en comparación con las 61 000 de 1980, el año de la mayor expansión de este cultivo. En 2021, Japón exportó 5274 toneladas de té, todo un récord (en comparación, hace veinte años el país exportaba 599 toneladas).

[Nota manuscrita:] Ahora son fundamentalmente las mujeres, y no los hombres, las encargadas de perpetuar este arte tradicional japonés.

el té matcha y sus variaciones

dalgona matcha (1)

1 clara de huevo
2 cdtas. de azúcar
1 cdta. de té matcha en polvo
30 ml de leche
2 cdtas. de agua templada

Preparación

Bate la clara de huevo y el azúcar en un bol.

En otro bol, disuelve el té matcha en el agua templada hasta que obtengas una pasta fluida y sin grumos.

Añade la pasta a la clara de huevo montada y bate hasta que obtengas una preparación homogénea.

Reparte la leche en 2 vasos y cúbrela con una capa de espuma de matcha.

frappuccino matcha (2)

300 ml de leche entera
1 cdta. de té matcha en polvo
2 chorritos de sirope de vainilla
Hielo granizado
Crema chantillí (opcional)

Preparación

Vierte la leche en un bol y añade hielo granizado hasta casi el borde.

Esparce té matcha y sirope de vainilla sobre el hielo granizado.

Remuévelo todo durante 1-2 min.

Sirve el frappuccino en 2 copas de helado y remata con la crema chantillí (opcional).

matcha latte ③

500 ml de leche entera
1 cdta. de té matcha en polvo
2 cdtas. de miel

Preparación

Calienta la leche a fuego bajo y viértela en el vaso de una batidora junto al matcha y la miel.

Bate hasta que obtengas una espuma espesa. Sácala del baso de la batidora con ayuda de una cuchara.

Sirve la leche con matcha en 2 tazas y adorna la superficie con la espuma de la leche.

té con leche de hokkaido

1 l de leche entera
4 bolsitas de té negro
4-6 cdtas. de azúcar moreno en polvo

Preparación

Vierte en un cazo 250 ml de leche. Añade las bolsitas de té y el azúcar.

Calienta la leche con el té y el azúcar hasta que justo rompa a hervir. Remueve bien para que el azúcar se disuelva por completo.

Retira el cazo del fuego y añade el resto de la leche.

Mete el cazo en el frigorífico durante 2 h.

Saca las bolsitas de la leche y sirve el té.

El té con leche se conservará en una botella en el frigorífico durante 3 días.

sakura latte

2 cdas. de polvo para *sakura latte*

1 cda. de miel

60 ml de nata fresca

250 ml de leche

Preparación

Calienta la leche en un cazo. Añade el polvo para *sakura latte*. Remueve bien y mantén al fuego hasta que el líquido justo rompa a hervir.

Retira el cazo del fuego, añade la miel y remueve.

Vierte la nata fresca en un bol y bátela hasta que adquiera la textura de una *mousse*.

En una taza, vierte a la leche infusionada con *sakura*. Luego, con ayuda de una cuchara, deposita con cuidado la *mousse* de nata encima.

El sake, el néctar de los dioses

El sake es la primera bebida alcohólica que viene a la mente cuando se piensa en Japón. Aunque su consumo ha disminuido en el archipiélago, el mundo del sake ha experimentado una verdadera revolución durante los últimos años, con cada vez más mujeres dedicadas a su fabricación.

Shuhei Hirayama y sus amigos sujetan vasos de sake mientras hablan del futuro matrimonio de la hija de Shuhei en *El sabor del sake*, de Yasujiro Ozu (1978). También es una copa de sake lo que La Novia, la heroína de *Kill Bill* (2003) de Quentin Tarantino, le pide a Hattori Hanzo, el forjador de espadas, en un bar de sushi en Okinawa. Por último, lo encontramos de nuevo en *Your Name* (2016), la película de animación de Makoto Shinkai: la joven Mitsuha prepara el famoso *kuchikami no sake* según un método ancestral de fabricación. El sake es omnipresente en el cine japonés, desde el *anime* de la cultura popular hasta las películas de autor, sin importar el año de su lanzamiento. Fuera de las salas de cine, decora las mesas de los izakayas, locales donde se bebe con los compañeros de trabajo al final de la jornada, y figura en el menú de los restaurantes más elegantes de Tokio. Esta bebida fermentada está ineludiblemente ligada al archipiélago, donde se llama *nihonshu*, o «alcohol japonés», mientras que «sake» se usa para aludir a cualquier bebida alcohólica, ya sea *nihonshu*, cerveza o whisky. Antiguamente, el sake era una ofrenda a los dioses sintoístas y un medio de comunicación con ellos. Este «néctar de los dioses» es aún hoy la bebida que se consume en los grandes eventos que marcan el año, porque quienes participan en las festividades religiosas, y sobre todo quienes portan santuarios en miniatura, purifican el cuerpo bebiendo una ofrenda de sake. En las bodas sintoístas, los novios intercambian tres copas en el momento de los votos. Finalmente, cada año nuevo se brinda con un sake llamado *o-toso*: se supone que este gesto encierra los espíritus malignos en el año pasado y garantiza una vida larga a quienes lo disfrutan.

SECRETOS DE FABRICACIÓN

¿Qué es el sake, exactamente? Bueno, el sake es una bebida alcohólica fermentada que se elabora con agua, arroz y koji. Los granos de arroz, más o menos pulidos, constituyen la base de la bebida. Se lavan, se ponen en remojo, se escurren, se cuecen al vapor y se dejan enfriar. Entonces, se inocula a parte del arroz con koji, unas esporas de hongos que, durante tres días, transformarán el almidón en azúcar. Así se obtiene el *koji-mai*, que se usará para fermentar el sake. Durante esta etapa, se mezclan el *koji-mai*, arroz cocido y agua de manantial; así se obtiene el *shobo*, al que se le agregan, o no, levaduras que aceleran el proceso de fermentación. Todo esto se coloca en una cuba, a la que se añade poco a poco arroz, agua y koji. El prensado y la

> El sake se puede consumir frío como el vino blanco, a entre 5-10 °C, y a temperatura ambiente, pero también caliente (entre 30 y 55 °C), sobre todo si acompaña a platos de invierno.

filtración (y a veces la pasteurización y un período de envejecimiento en el tanque) son las últimas fases del proceso. El sake está listo para su consumo.

EL REGRESO DE LAS MUJERES TOJI

El mundo del sake es principalmente masculino. De los 1200 *toji* (maestros productores de sake), solo unos 20 son mujeres. Sin embargo, la cifra va en aumento: en 1980 no había ninguna. No siempre fue así. Si se consultan los primeros relatos que mencionan el *nihonshu*, se ve que las mujeres eran una parte integral del proceso de producción. En escritos del siglo VIII, se menciona que las mujeres fabricaban sake en los santuarios sintoístas (como la heroína de *Your Name*), masticando y escupiendo los granos de arroz para iniciar con la saliva el proceso de fermentación. Dos siglos después, las mujeres aparecen en los registros como fabricantes, en plano de igualdad con los hombres.

¿Por qué se excluyó a las mujeres? Algunos historiadores remontan su exclusión progresiva al periodo Edo (1603-1867), cuando se fortaleció la creencia de que las mujeres eran impuras, sobre todo por la menstruación y por la acidez del sudor, que podía echar a perder el proceso de fabricación y, por lo tanto, el sabor del sake. Luego, la nueva organización social promovida durante la época de la Restauración Meiji (1868-1923) consolidó la expulsión: mientras que las estructuras económicas experimentaron una verdadera transformación, las mujeres quedaron relegadas al hogar, que antes combinaba la vida familiar y los negocios y que ahora se convertiría en un espacio exclusivamente doméstico.

Sin embargo, las mujeres empezaron a volver a las bodegas a finales del siglo XX. Miho Imada es una de ellas: después de una carrera profesional dedicada a la cultura, especialmente en la producción de teatro, asumió las riendas de la bodega familiar, Imada Shuzo, que tiene 150 años y está ubicada en Akitsu (prefectura de Hiroshima). Esta sorprendente trayectoria le valió a Miho Imada figurar, en 2020, en la prestigiosa lista de las «cien mujeres más inspiradoras e influyentes del mundo» de la BBC. Las mujeres *toji* se están organizando. En 2018, 12 de ellas crearon el colectivo Kura Jo para promocionar su producción y, así, concienciar acerca de los estereotipos sexistas en la industria del sake.

DISMINUCIÓN DEL CONSUMO

Por emblemático que sea, el consumo de sake está en declive en Japón y los días de gloria del período de alto crecimiento, cuando fluía abundantemente, han llegado a su fin. Si en la década de 1970 había alrededor de 4000 bodegas de sake en el archipiélago, en 2021 ya solo quedaban 1200. A pesar del establecimiento del 1 de octubre como el Día del Sake y del lanzamiento en 2022 de una campaña gubernamental llamada «¡Viva el sake!» con el objetivo de animar a los japoneses a consumir más de esta bebida nacional, el consumo de sake (como el de otras bebidas alcohólicas) está disminuyendo en el archipiélago: su consumo pasó de 100 litros por persona en 1995 a 75 litros en 2020.

A pesar de que las exportaciones no superan el 6 % de la producción, lo cierto es que el sake comienza a gustar fuera del archipiélago. China, Estados Unidos y Hong Kong son los tres importadores principales. Francia es el país europeo donde más sake se consume, una tendencia que va en aumento: las importaciones aumentaron en un 127,9 % en 2021. ▬

DESCIFRAR LOS NOMBRES DEL SAKE

El nombre del sake depende de dos factores: el nivel de pulido del arroz y la adición o no de alcohol. Por lo tanto, encontramos:

- *honjozo shu*, que contiene arroz pulido al menos al 70 %;
- *ginjo shu*, que contiene arroz pulido al menos al 60 %;
- *daiginjo shu*, que contiene arroz pulido al menos al 50 %.

Para saber si se ha agregado alcohol a la preparación, hay que ver si se menciona el término *junmai*, que significa que estamos tratando con un sake al que no se ha añadido alcohol.

Se considera al *junmai daiginjo shu* como el sake más sabroso, ya que cuanto más pulido esté el arroz, mejor es el sake.

レシピブック　　Dificultad ●○○　　Sale 1 vaso　　Preparación: 5 min

sake de jengibre

40 ml de sake

cerveza de jengibre
 al gusto

5 bayas de color rosa

Preparación

Llena de cubitos de hielo una copa para *spritz*. Añade el sake.

Rellena con la cerveza de jengibre.

Decora con las bayas rosas.

Dificultad ●○○　　Sale 1 vaso　　Preparación: 5 min

umeboshi rosa

50 ml de tequila blanco

25 ml de zumo de lima

15 ml de jarabe simple
 (azúcar disuelto en agua
 en una proporción 1:1)

5 ml de confitura
 de *umeboshi*

Hielo granizado

Preparación

Introduce todos ingredientes en una coctelera.

Añade hielo.

Sacude enérgicamente y sirve en una copa para Martini.

El paraíso de las máquinas expendedoras

¿Qué tienen en común las calles de Tokio, una carretera serpenteante entre los campos de arroz o la cima del monte Fuji? ¡Las máquinas expendedoras! Japón es el país con la mayor densidad de máquinas expendedoras al aire libre del mundo. No hay lugar que se les resista.

Se las conoce como *jidohanbaiki*, o *jihanki* para abreviar. La mayoría de las máquinas expendedoras *made in Japan*, el 57 % para ser precisos, se destinan a la venta de bebidas. En la misma máquina, se mezclan, en proporciones que varían según la estación del año, bebidas frías, como zumos de frutas, agua o refrescos, y bebidas calientes, como café o té. Algunas máquinas ofrecen incluso latas de cerveza o sake. También se pueden comprar diversos alimentos, como fruta, sopa, fideos ramen liofilizados o dashi (un caldo que se usa sobre todo para hacer sopa de miso).

HAMBURGUESAS, OSTRAS Y PASTELES EN LATA

¡Y eso no es todo! Las máquinas expendedoras ofrecen alimentos inesperados, como hamburguesas que salen calentitas u ostras empanadas, una especialidad de Hiroshima. A veces, incluso hay bizcochos de nata de Hokkaido y mascarpone enlatados, una innovación de la cadena de restauración Gaku. Las máquinas expendedoras también permiten a algunas empresas sortear las tiendas tradicionales. En enero de 2023, Hideki Tokoro, una empresa especializada en la venta de carne de ballena, instaló varias máquinas expendedoras que ofrecen este producto en las ciudades de Tokio y Yokohama; tiene previsto haber instalado otras 100 antes de 2027.

En 2020, la Asociación Japonesa de Fabricantes de Sistemas de Venta Automática registró algo más de 4 millones de máquinas expendedoras en el archipiélago, lo que equivale a 1 por cada 30 habitantes. El volumen de negocio es impresionante: 40 000 millones de euros anuales.

La caza de ballenas se prohibió en 1986 (solo oficialmente, porque la ley se infringía con regularidad), después de una histórica campaña de la ONG Greenpeace y de la entrada de Japón en la Comisión Ballenera Internacional. Sin embargo, en 2019, el archipiélago la volvió a autorizar. Dado que los supermercados se mostraron reacios a vender la carne de esta especie protegida, las máquinas expendedoras se convirtieron en un eficaz plan B para la empresa.

MÁQUINAS A LA VANGUARDIA DE LA INNOVACIÓN

Tawaraya Takashichi creó en 1888 el primer modelo japonés de máquina expendedora, que vendía cigarrillos, y, dieciséis años después, apareció una máquina expendedora de madera para sellos y postales. Sin embargo, las máquinas expendedoras no invadieron el paisaje hasta finales de la década de 1960. Se empezaron a producir industrialmente en 1967, cuando la Sociedad de Ferrocarriles instaló máquinas expendedoras para la venta de billetes de tren. Durante esos mismos años, Japón comenzó a producir masivamente su moneda de 100 yenes, indispensable para quienes querían hacer uso de las máquinas. La década de 1970 fue un punto de inflexión, porque las empresas Sanden Retail Systems y Pokka Sapporo se asociaron y crearon la primera máquina automática capaz de ofrecer a sus clientes bebidas frías y calientes. En cuestión de meses, la habían implantado en todo el país.

Las innovaciones no se han detenido todavía. Algunas máquinas, como las instaladas en la esta-

DE TODO PARA TODOS

Las máquinas expendedoras japonesas no solamente ofrecen comida o bebida a todas horas y todos los días del año, sino que también permiten comprar un sinfín de objetos cotidianos y no tan cotidianos, entre ellos: paraguas, periódicos, revistas, juguetes, pañales desechables, cigarrillos, mascarillas, DVD, accesorios para mascotas, e incluso preservativos o juguetes sexuales...

ción de Shinagawa en Tokio, cuentan con sistemas de reconocimiento facial que determinan el género y la edad del cliente para ofrecerle la bebida más adecuada según el tiempo que haga y la hora que sea. Estas máquinas también se han tenido que adaptar a la crisis energética. En veinte años, han logrado reducir su consumo eléctrico en un 70 %, aprovechando el calor que produce el sistema de refrigeración para calentar las bebidas calientes y reduciendo el nivel de refrigeración de las bebidas frías en las horas pico de consumo eléctrico.

UNA COMUNIDAD DE FANS

Ahora asociadas a la identidad japonesa, estas máquinas desatan pasiones en foros y redes sociales, donde algunos fans informan sobre máquinas fuera de servicio o recién instaladas o listan las que ofrecen las bebidas o alimentos más sorprendentes. Makoto Nomura es uno de estos fans. Se describe como «un apasionado de las *jihanki*, de las que se enamoró y a las que sigue desde hace más de treinta años». Descubrió estas máquinas automáticas en sus desplazamientos al instituto de secundaria. «Había máquinas expendedoras de hamburguesas por el camino y, cuando empecé a prestar atención al resto de las máquinas que encontraba, descubrí algunas que vendían udon, tostadas o incluso sopa de miso. Y así nació mi interés por las *jihanki*», recuerda. En 1995, lanzó un *blog* dedicado a estas máquinas. Una pasión que todavía alimenta hoy en día a través de su *blog*, pero también en Instagram y X, con el seudónimo @24jihanki.

Ante la pregunta de cuál ha sido su descubrimiento más memorable, responde sin dudar: «Recuerdo una máquina expendedora de arroz y curri. La primera vez que la vi, hace unos veinte años, me quedé sorprendidísimo. Metías dinero, elegías el producto y la máquina te servía arroz y curri en un plato. Era como si hubiera una persona dentro», bromea. «Pero había muy pocas y se estropeaban con facilidad, por eso ahora solo queda una.» Para encontrarla, hay que ir a la ciudad de Sagamihara (prefectura de Kanagawa).

Las máquinas expendedoras también han despertado el interés de artistas como el fotógrafo Eiji Ohashi, que les dedicó dos series, *Being There* y *Roadside Lights*. «Hace unos años, iba en coche y me topé con una tormenta de nieve. Me vi envuelto en un velo blanco y perdí el sentido de la orientación, pero la luz familiar de las máquinas expendedoras me guio. Son especiales para mí desde entonces, se han convertido en una ventana a través de la cual veo el mundo», explica el fotógrafo originario de Hokkaido, mientras apunta a otra utilidad de estas máquinas: «Cuando el gran terremoto de Tohoku nos azotó en 2011, lo primero que instalaron después de las tareas de limpieza y de la eliminación de edificios y escombros en las prefecturas de Iwate y Miyagi fueron las máquinas expendedoras». Fue así, y por una razón muy sencilla: algunas funcionan incluso durante los cortes de suministro eléctrico, por lo que permiten a los habitantes hidratarse y alimentarse antes de la llegada de servicios de asistencia más sustanciales. También existen máquinas expendedoras que proporcionan bebidas gratuitas a los afectados mediante un sistema de gestión a distancia. ▬

Bebidas y refrescos: visita guiada

ソーダ

Las máquinas expendedoras ofrecen un amplio abanico de bebidas. Esta es una pequeña selección de las que se encuentran en (casi) todas las máquinas del país.

① **Café con leche** - El café BOSS es una de las bebidas imprescindibles en las máquinas expendedoras. Aquí aparece en su versión con leche y en su lata en miniatura (185 ml). Es ideal para empezar el día con un café bien fresco y no demasiado cargado. En invierno, también se vende caliente. Para diferenciarlos: si la etiqueta debajo de la lata indica つめたい y es de color azul, la bebida está fría. Por el contrario, si indica あたたかい y la etiqueta es roja, se trata de café caliente.

② **Limonada con gas** - C.C. Lemon, de Suntory, es la tercera bebida más popular en Japón. Es un refresco ácido que promete una inyección de vitamina C: la marca afirma que sus 33 cl contienen el equivalente a 28 limones. Tras su lanzamiento en 1994, Suntory firmó una colaboración con *Los Simpson* que convirtió temporalmente a C.C. Lemon en la bebida favorita de la familia más famosa de Springfield.

③ **Bebida de yuzu** - El yuzu es el cítrico por excelencia del archipiélago y aquí su delicada acidez se combina con miel, que le da un toque de dulzor. Se reconoce entre mil, gracias a su envase de color amarillo que muestra un yuzu de rostro sonriente. Un aviso: para disfrutarlo al máximo, hay que consumirlo muy frío.

④ **Limonada Ramune** - La botella de vidrio de la limonada Ramune es inconfundible gracias a la canica atrapada en la base del cuello, mientras que el sabor a chicle de limón convierte a esta bebida en sinónimo de verano. Su apertura es sorprendente, pero hasta aquí podemos leer, porque el rompecabezas forma parte de la experiencia de degustación.

⑤ **Sencha** - El sencha, que significa «té infusionado», es un té verde japonés. Se pude beber caliente o frío, pero las botellas salidas de las máquinas expendedoras siempre están frías. Con un sabor muy vegetal que recuerda a hierba fresca o a algas, el sencha es el mejor aliado en los días calurosos de verano. No es dulce y puede resultar bastante amargo.

⑥ **Bebida láctea** - El Calpis カルピス es una bebida compuesta por agua, leche en polvo y ácido láctico y se suele vender como un concentrado que hay que diluir en agua o leche. También se usa para aromatizar *kakigori*, los helados japoneses de hielo rallado, y hay versiones predisueltas, llamadas Calpis Water (カルピスウォーター) o Calpis Soda (カルピスソーダ), que tiene gas.

⑦ **Refresco con sabor a melón** - Esta bebida gaseosa con sabor a melón deleitará a los aficionados a las bebidas azucaradas con sabores muy químicos. Para los demás, mejor optar por zumos de fruta de sabores más naturales. Este refresco, muy apreciado por los niños, también se encuentra en el menú de muchos restaurantes familiares en Japón.

⑧ **Zumo de uva** – El mosto Tubu Budou es una bomba de azúcar que guarda una sorpresa asombrosa en el corazón de la botella: trocitos de fruta que recuerdan a las bebidas de aloe vera.

⑨ **Mugicha** - El mugicha es un té de cebada, aunque sería más preciso hablar de infusión, porque esta bebida no contiene ni rastro de teína.

De suaves notas tostadas, el mugicha es una bebida imprescindible durante el cálido y húmedo verano japonés. Eso sí, no se recomienda para las personas intolerantes al gluten.

El *boom* del whisky japonés

1923-2023. El whisky japonés se ha convertido en un referente mundial solo un siglo después de su nacimiento. Sin embargo, parece que el asiduo vencedor de concursos internacionales está siendo víctima de su propio éxito.

> «El whisky japonés es más flexible que el whisky británico o estadounidense en cuanto a barricas y métodos», explica Yuji Kawasaki.

«For relaxing times, make it Suntory time.» Estamos en 2003, frente a la cámara de Sofia Coppola, y Bill Murray interpreta a Bob, un actor estadounidense a quien han invitado a Tokio para que filme un comercial para la marca de whisky Suntory y su Hibiki de 17 años. La icónica escena de Lost in Translation está protagonizada por una bebida entonces aún poco conocida en Occidente: el whisky japonés. Bill Murray no fue el primero en elogiar las virtudes del whisky nipón; otros actores, esta vez en anuncios reales, lo habían intentado también: Orson Welles, para Nikka en 1979, o Sean Connery, para el propio Suntory en 1992.

Sin embargo, a principios de la década de 2000, cuando Bill Murray y su vaso de Hibiki aparecieron en las grandes pantallas de todo el mundo, el whisky japonés pasaba por momentos muy bajos. En el archipiélago se consumían unos 150 000 litros anuales, muy alejados de los 408 000 litros de 1983, un año de récord. El famoso Hibiki de 17 años de Suntory se vendía por algo más de 9000 yenes, unos 60 euros. Hoy, esa misma botella requiere un desembolso de unos 500 euros. Se vende a precio de oro y, además, es imposible de encontrar en los bares: el gigante japonés del whisky suspendió la entrega de algunas de sus botellas, como las de Hibiki y Hakushu a partir de 2020, porque no tenía capacidad de producción debido a su éxito en los mercados nacionales e internacionales. Y con razón: se necesitan entre cinco y diez años de envejecimiento en barrica para un whisky premium; las destilerías no tenían reservas suficientes y la popularidad del malta nipón fuera de las fronteras del archipiélago no era previsible a principios de la década de 2000. «La demanda mundial de whisky japonés ha explotado en la última década; botellas como el Yamazaki de 18 años, que solían acumular polvo a 100 dólares, ahora se venden cinco veces más caras y apenas se encuentran», explica Mamoru Tsuchiya, experto en whisky y director del Centro de Investigación del Whisky Japonés. En 2020, el valor de las exportaciones de whisky japonés superó por primera vez el valor de las ventas de sake en el extranjero. La tendencia se mantiene desde entonces.

DE HIGHBALLS A CÓCTELES ELEGANTES

El final de la década de 2000 marcó el regreso del whisky. «Al principio, en Japón se lo consideraba una bebida especial para después de la cena. Hasta la década de 1980, y debido en parte a los aranceles, tenía una fuerte imagen de "licor occidental de lujo"», explica Yuji Kawasaki, un crítico de whisky destacado y creador del blog *One more glass of whisky*. Al mismo tiempo, y esto sigue siendo cierto hoy en día, el whisky se convirtió en la bebida nocturna favorita de los *salarymen* que disfrutaban de los *highballs*. Estos cócteles a base de whisky y refresco «son ligeramente más baratos que la cerveza. También se perciben como más saludables, porque no contienen ni azúcar ni purina», agrega el crítico. Paralelamente a este consumo diario, el whisky japonés ganó terreno como bebida de lujo. Los *single malt* y los *blend* nipones empezaron a ganar medallas en concursos internacionales y arrebataron el protagonismo a sus pares escoceses o irlandeses. Por ejemplo, en 2008, dos whiskys japoneses ganaron los premios al mejor *single malt* (Yoichi) y al mejor whisky mezclado (Hibiki de 30 años) en los World Whiskies Awards. Eso sí, el whisky japonés aún no tiene cien años.

NAVES NEGRAS Y GALONES DE WHISKY

Hay que remontarse a 1853 para encontrar la primera evidencia de whisky en el archipiélago. El comodoro Perry, un oficial de la

Marina estadounidense, dirigía una expedición militar para obligar a Japón a establecer relaciones diplomáticas con Occidente y a abrir sus fronteras. Las bodegas de sus barcos contenían cajas de esta bebida ambarina y Perry regaló 70 galones a la corte imperial: fue un éxito. Sin embargo, Japón no se embarcó en la producción de whisky hasta la década de 1920, después de una incursión en Escocia.

Era 1918 y Settsu Shuzo, una empresa nipona, destilaba whisky de imitación. Entonces, envió a Masataka Taketsuru, un joven químico, a descubrir y estudiar el proceso de destilación del whisky en Escocia. Después de formarse durante dos años en varias destilerías, regresó al archipiélago y fue contratado por Kotobukiya, un productor de whisky japonés. Allí conoció a Shinjiro Torii, con quien se asoció para fundar Yamazaki, la primera destilería de whisky del país y donde produjeron Shirofuda, el primer whisky japonés de renombre. Tras algunas diferencias, los socios se separaron: Shinjiro Torii se quedó en Kansai y rebautizó la empresa original como Suntory; Masataka Taketsuru se dirigió al norte del país y fundó Yoichi, la primera destilería de la compañía Nikka. Acababan de nacer las dos grandes marcas de whisky japonés.

REGLAS DE ELABORACIÓN FLEXIBLES

¿Qué hace único al whisky destilado en Japón? «Es una muy buena pregunta», afirma el crítico Yuji Kawasaki. «El whisky japonés es más flexible que el whisky británico o estadounidense en cuanto a barricas y métodos», explica. Y prosigue: «Si nos atreviéramos a definir el whisky japonés, podríamos decir que es un whisky elaborado por personas que crecieron comiendo comida japonesa, al ritmo de las cuatro estaciones del clima japonés, y que son relativamente sensibles a los aromas naturales. Creo que hay que concentrarse no en el whisky en sí, sino en la persona que lo fabrica. En última instancia, es el "olfato" lo que determina el carácter del whisky, ya sea un *single malt* o un *blended*».

Hay que tener cuidado porque, a diferencia de la mayoría de los países productores de whisky, Japón tiene pocas reglas acerca de qué constituye un whisky o de qué lo hace japonés. El gobierno nipón introdujo definiciones formales para el whisky nacional en 1989, pero a la industria, entonces dominada por grandes empresas de destilación, le interesaba mantener reglas flexibles. Mamoru Tsuchiya, a quien hemos conocido hace unas líneas, ha emprendido una cruzada para codificar las reglas de producción de este oro amarillo, para que ni su valor ni su reputación disminuyan en Japón o en el resto del mundo. «Podemos usar malta o cebada importada, pero el macerado, la sacarificación, la fabricación de mosto, la adición de levadura, la fermentación para obtener el *wash*, la destilación del *wash* y la maduración en barrica… la denominación de whisky japonés exige que todas estas etapas se lleven a cabo aquí, en Japón. Es la norma para el whisky en todo el mundo. Si alguna parte de este proceso no se lleva a cabo en Japón, no es whisky japonés.»

La Japan Spirit and Liqueurs Makers Association adoptó estas recomendaciones y las ratificó en abril de 2021. Las empresas del sector tienen hasta el 21 de marzo de 2024 para adaptarse. Algunas ya han comenzado a modificar su etiquetado, que ahora contiene la mención a «world blends», lo que indica una combinación de productos importados y japoneses. De todos modos, el crítico Yuji Kawasaki es optimista: «Han aparecido muchas destilerías en Japón durante los últimos diez años. Históricamente hablando, son los recién llegados quienes han hecho del whisky japonés lo que es hoy y espero que, en el futuro, se produzcan cada vez más whiskys japoneses únicos y deliciosos». ■

> «Si nos atreviéramos a definir el whisky japonés, podríamos decir que es un whisky elaborado por personas que crecieron comiendo comida japonesa, al ritmo de las cuatro estaciones del clima japonés, y que son relativamente sensibles a los aromas naturales», dice Yuji Kawasaki.

EL VOCABULARIO DEL WHISKY

Los ingredientes clave del whisky son el agua, los cereales y la levadura.

En los puros y los *single malts*, se utiliza exclusivamente cebada. El bourbon, los *blends*, los *rishi whiskeys* y los whiskys canadienses se elaboran con una mezcla de varios cereales.

• *Blend*: Whisky procedente de varias destilerías.
• Doble barrica: Esta denominación se aplica a whiskys que han envejecido en barricas de maderas distintas.
• *Mashbill*: Mezcla, expresada en porcentaje, de los cereales que componen un whisky.
• Puro de malta: Whisky elaborado exclusivamente a partir de malta de cebada.
• Barrica única: whisky proveniente de una sola barrica.
• *Single malt*: Whisky procedente de una sola destilería.

El shōchū, ese gran desconocido

Este alcohol destilado es emblemático del sur del archipiélago, aunque le cuesta darse a conocer fuera de las fronteras japonesas. A diferencia del sake, que se elabora únicamente con arroz, el shōchū se puede fabricar con multitud de ingredientes, incluyendo el boniato.

Cuando uno se sienta en un restaurante o en un izakaya de la isla de Kyushu, y aunque haya pedido sake, es muy probable que le sirvan una bebida idéntica al sake pero que en realidad es shōchū. Porque aquí, este alcohol es la estrella y su consumo supera con creces al del sake. Pero ¿en qué se diferencian? Para empezar, el sake es un alcohol fermentado, mientras que el shōchū se destila. A partir de ahí, la clave reside en los ingredientes básicos. El agua y el koji (un fermento) son primordiales en el shōchū, como en el sake, pero mientras que el sake se elabora exclusivamente con arroz, el shōchū admite más de cincuenta ingredientes. Los más comunes son la cebada, el arroz y el azúcar moreno, pero, sobre todo, el boniato.

La isla intentó producir sake, pero los inviernos demasiado suaves de su clima subtropical no permitían producir alcohol de calidad. El shōchū llegó a Kyushu desde China, a través de las islas Ryukyu, que hoy constituyen el archipiélago de Okinawa. Un pescador, Riemon Maeda, trajo en su embarcación los primeros «satsuma imo» que llegaron a Okinawa. Los horticultores se lanzaron a su cultivo, que se consolidó rápidamente gracias a la calidad de la tierra y al clima. El *imo shōchū*, es decir, el shōchū de boniato, llenó las botellas niponas a partir del siglo XVI. La primera mención de esta bebida también data de este período, específicamente de 1559: un carpintero de Kagoshima se queja de su jefe y en el informe se lee un comentario sorprendente: «El jefe era tan tacaño que no nos ofrecía ni un vaso de shōchū».

EL SHŌCHŪ EN CIFRAS

De las 852 destilerías de shōchū que hay en Japón, 350 se hallan en Kyushu. Solo la prefectura de Kagoshima produce el 40 % de la producción nacional de *imo shōchū*, o shōchū de boniato.

La isla de Kyushu y el archipiélago de Okinawa produjeron el 99 % del shōchū japonés en 2020.

EL SHŌCHŪ, UN ALCOHOL DEL SUR

Este famoso shōchū de boniato, llamado «Satsuma Shōchū», fue el primer alcohol japonés en beneficiarse de la indicación geográfica, un indicador valioso (como el champán francés) que permite identificar el origen, pero sobre todo la calidad y la reputación del producto. Se produce principalmente en el extremo sur de la isla de Kyushu (prefectura de Kagoshima), así que viajemos a la punta de la isla y, en concreto, a la ciudad costera de Makurazaki, una de las cunas de la célebre bebida. Para llegar allí desde Kagoshima, hay que subir a un tren de cercanías que serpentea a través del campo sobre un solo raíl. Son 37 paradas y 2 horas y 50 minutos de viaje, entre ramas de árboles que parecen golpear los cristales en algunos lugares aún salvajes, el Mar Interior de Seto, que asoma al final del viaje, y tan pronto como se llega a Makurazaki, un olor a pescado ahumado que acaricia las fosas nasales. Y es que la ciudad es también conocida por su bonito.

Tras unos minutos a pie, aparece la imponente destilería Satsuma Shuzo Meijigura, con amplios muros de yeso de cemento blanco y techos adornados con tejas japonesas tradicionales de color gris plateado, que relucen, irisadas, bajo el sol. Katsuhiro Hisahara, con la ropa cubierta por un amplio delantal azul, aguarda frente a la entrada y resume en pocas palabras la historia de la destilería. Satsuma Shuzo Meijigura fabrica shōchū desde 1936 y su especialidad es el shōchū de boniato, pero no usa boniatos cualquiera. «Para nuestro producto estrella, el Satsuma Shiranami, que producimos desde 1955, nos abastecemos exclusivamente de boniatos kogane sengan, que tienen una pulpa más clara que tira más hacia el amarillo que hacia el naranja y que son conocidos por su pulpa fundente», explica. La destilería solo trabaja con agricultores locales, que producen boniatos en cultivos que usan la menor cantidad de tratamientos posible. «La temporada principal comienza en otoño y recibimos hasta 7,5 toneladas diarias. Nuestros empleados los clasifican a mano y luego se cortan y se cuecen al vapor», prosigue Katsuhiro Hisahara.

LA INFLUENCIA DE LOS VOLCANES

Luego se suceden las etapas de producción. El shōchū se fermenta gracias al koji, que puede ser «blanco» y de tonos suaves y neutros, «negro», con un sabor casi terroso, o «amarillo», con tonos afrutados. El *toji*, el «maestro del shōchū», elige el koji en función de los aromas que quiera aportar al producto final. En el siguiente paso, el agua y el koji se mezclan con el boniato. «Por eso es tan importante la calidad del agua en la fabricación del shōchū», explica Katsuhiro Hisahara. «En la prefectura de Kagoshima tenemos un agua de montaña muy pura, que las cenizas de los volcanes filtran.» Ahora comienza el proceso de fermentación, que dura unas dos semanas. Al final de este proceso, el alcohol tiene entre 15 y 19 grados y se coloca en alambiques de madera para la destilación, única. El líquido se guarda en jarras de barro donde envejecerá durante al menos tres años.

Al otro lado de enormes ventanales, los artesanos guardan grandes palés de madera y Katsuhiro Hisahara nos cuenta una anécdota. En el periodo Edo (1603-1868), el shōchū era uno de los regalos más apreciados por los sogunes. «El alcohol servía tanto como bebida como desinfectante improvisado para las heridas de espada.» Sin embargo, parece que el reconocimiento del shōchū de boniato en el archipiélago se debe, en parte, a una innovación de la destilería Satsuma Shuzo Meijigura. «A finales de la década de 1970, el shōchū más popular era el *shōchū oyuwari*, que mezclaba el alcohol con agua caliente. Entonces, en la década de 1980 ideamos el roku-yon. Es decir, seis (*roku* en japonés) partes de shōchū por cuatro (*yon*) de agua caliente. Esta preparación se convirtió rápidamente en tendencia y el shōchū de boniato ganó una popularidad que va mucho más allá de nuestra provincia del sur.» ▃

Para profundizar

Aquí tienes varios libros y películas con los que ahondar en el descubrimiento de la cultura culinaria japonesa. Algunos son referencias que cito en mis artículos y otros me los han proporcionado personas a las que he preguntado para recogerlos aquí. Incluyo otros porque me llamaron la atención como lectora o espectadora. Por supuesto, es una selección muy subjetiva y en absoluto exhaustiva.

NOVELAS Y ENSAYOS
- Merry White, *Coffee Life in Japan*, University of California Press, 2012
- Ryoko Sekiguchi, *Fade*, Editions Argol, 2016
- Sayaka Murata, *La dependienta*, Duomo Ediciones, 2019
- Ryoko Sekiguchi, *L'astringent*, Editions Argol, 2012, y *El secreto de la cocina japonesa*, Ediciones Trea, 2013
- Vincent Doumeizel, *La revolución de las algas*, Urano, 2023
- Eric Khoo, *Una receta familiar*, 2018
- Nicolas Baumert y Jean-Robert Pitte, *Le sake, une exception japonaise*, Editions Rabelais, 2011
- Arashiyama Kozaburo, *Les carnets de table d'un amateur de cuisine japonaise*, Editions Picquier, 2022
- Hisao Nakahigashi, *Les herbes sauvages, recit d'un cuisinier*, Editions Picquier 2022
- Ryoko Sekiguchi, *Nagori*, Periférica, 2023
- Oe Kenzaburo, *Notes d'Okinawa*, Editions Picquier, 2019
- Juzo Itami, *Tampopo*, 1985
- *Tombent, tombent les gouttes d'argent - Chants du peuple Ainou*, Editions Gallimard, 1996
- Shiori y Nao Kodaka, *Un amour de bento*, Pika, 2012
- Yoko Hiramatsu, *Un sándwich en Ginza*, Quaterni Ediciones, 2021

LIBROS BONITOS
- Tim Anderson, *Tokyo Stories. Recetas de la capital japonesa*, Cinco Tintas, 2019
- Brian Ashcraft, *Whisky japonais, la voie de l'excellence*, Synchronique Editions, 2021
- Greg Girard y Marc Feustel, *Hotel Okinawa*, The Velvet Cell, 2017
- Craig Mod, *Kissa by kissa*, Special Projects, 2020
- Maori Murota, *Cocina casera japonesa*, Cinco Tintas, 2023
- Patisserie Tomo, *Paris-Kyoto, la patisserie franco-japonaise*, Hachette Pratique, 2021
- Adrienne Saulnier Blache y Ryoko Sekiguchi, *Le guide du sake en France*, Editions Keribus, 2018

MANGA Y CÓMICS
- Satoru Noda, *Golden Kamuiy*, Ki-oon, 2016
- Yaro Abe, *La cantina de medianoche*, Astiberri, 2023
- Mitsuru Nishimura y Takuro Kajikawa, *Le Chef de Nobunaga*, Komikku, 2014
- Florent Chavouet, *Touiller le miso*, Editions Picquier, 2020

PELÍCULAS
- Tatsushi Omori, *Dans un jardin qu'on dirait eternel*, 2019
- David Gelb y Jiro Ono, *Jiro dreams of sushi*, 2011
- Quentin Tarantino, *Kill Bill, Volume 1*, 2003
- Yasujiro Ozu, *El sabor del sake*, 1962
- Hayao Miyazaki, *El viaje de Chihiro*, 2001
- Naomi Kawase, *Una pastelería en Tokio*, 2015, basada en la obra homónima de Durian Sukegawa
- Sofia Coppola, *Lost in translation*, 2003
- Chris Marker, *Sans Soleil*, 1983
- Wim Wenders, *Tokyo-Ga*, 1985
- Makoto Shinkain, *Your Name*, 2016

REVISTAS
- *Les douceurs du Japon, evocations epheremeres de la «Beaute japonaise» (Nihon no bi)*, Sylvie Guichard-Anguis, en *Societes & Representations* 2012/2
- *Manger le Japon*, suplemento de 2022 de la revista *Tempura*

Quién ha participado en este libro

CLÉMENCE LELEU

Clémence Leleu trabaja como periodista independiente. En 2015 se especializó en las distintas culturas japonesas y ahora centra su trabajo en los desafíos sociales y culturales del archipiélago. Es colaboradora habitual de la revista *Tempura*. En *Cantina japonesa*, firma los reportajes y la mayoría de las fotografías.

ANNA SHOJI

Anna Shoji es agricultora. Nació en Tokio y, en 2015, se instaló en la región de Tours (Francia), donde cultiva verduras japonesas para chefs. Es cofundadora de Mura, una ecoaldea cuyo objetivo es crear comunidad en torno a la cultura culinaria japonesa. Firma todas las recetas del libro.

ADRIEN MARTIN

Adrien es ilustrador y escritor de cómics. Su pasión por los viajes, Asia y, en concreto, Japón, son las principales influencias de su trabajo y aprovecha todas las oportunidades para representar sus diversos aspectos. Es el autor de todas las ilustraciones de *Cantina japonesa*.

Agradecimientos

Clémence Leleu

Este libro es una aventura colectiva. Quiero dar las gracias primero a Fanny Ecochard por haber pensado en mí para este proyecto y por haberme dado carta blanca para imaginar el contenido del libro, donde hemos reunido nuestros universos similares. Un gran agradecimiento también a mi otra editora, Élise Ducamp, por su seriedad, apoyo y sabios comentarios sobre los textos. Por supuesto, sería imposible no dar las gracias a mis dos compañeros, sin los cuales este libro nunca habría visto la luz: Anna Shoji y Adrien Martin, quienes aceptaron unirse a esta aventura y aportaron su talento.

También quiero dar las gracias a todas las personas que tanta profundidad han aportado a *Cantina japonesa* con sus testimonios, experiencias y puntos de vista.

Un agradecimiento especial a Ryoko Sekiguchi por su visión tan particular de Japón y del mundo, por su disponibilidad y por su aliento. Mi agradecimiento también a Emil Pacha Valencia, editor en jefe de *Tempura*, que me ha permitido escribir artículos extensos para todos los números de la revista desde 2020. Su confianza y su exigencia me han ayudado a agudizar mi visión sobre Japón.

Luego vienen mis apoyos inquebrantables. Los del día a día, que animan, revisan, avivan la llama del valor cuando flaquea, y que siempre han creído en el éxito de este proyecto. Pauline Riglet Brucy y Lisa Castelly, Guillaume y Roland Richard, Marie Forbin, Adèle Ponticelli, Jean Giraud y todos los demás cuya amistad, mensajes de afecto y bromas me han permitido escribir el libro. Sin vosotros, *Japan Cantina* tampoco existiría. Y finalmente, Arthur Lecoeur, cuyo afortunado error con la reserva de billetes de avión marcó el comienzo de la historia que me une a Japón.

Un agradecimiento también para la fotógrafa Laurence Revol, que firma mi retrato en este trabajo. Ella sabe por qué.

Un gran agradecimiento también a Delphine Constantini y Mélanie Martin, que se han encargado del estilismo y de las fotos de los platos. Sin olvidar a Claire Besset y Florie Cadilhac del estudio Blick, en la maquetación.

Finalmente, gracias a mis padres, Annie y Claude Leleu. Nunca me conocieron como periodista, nunca me escucharon hablar de Japón. Sin embargo, entre estas páginas hay mucho de lo que me legaron. Este libro está dedicado a ellos.

Adrien Martin

Quiero dar las gracias a Pauline por su apoyo diario y por compartir sus opiniones, a Clémence por su confianza y por la calidad de su escritura, y a mis padres, que me transmitieron la curiosidad y el gusto por el viaje. No olvido tampoco a los amigos, que son demasiados para mencionarlos a todos y que están presentes en todo el libro.

Índice de recetas

Anko nabe — 214	Mochis de matcha — 136	Takoyaki — 86
Arroz con curri — 98	Monjayaki — 66	Tamago sando — 70
		Té con leche de Hokkaido - 274
Barbacoa Gengis Kan de cordero y verduras a la plancha — 228	Nanban de pollo de Miyazak — 146	Té matcha y sus variaciones — 272
Butadon — 204	Naporitan — 94	Temaki de salmón — 44
	Nasu dengaku — 104	Tempura de verduras — 106
Castella de Kyushu — 184	Ninjin shirishiri — 248	Tenmusu — 58
Chan-chan yaki — 210		Tofu yo — 260
Chiporo imo — 226	Oden — 174	Tonkatsu — 26
Curry udon — 68	Okonomiyaki — 84	Tonkotsu ramen — 148
	Omurice — 96	Tsukemono y umeboshi — 122
Dorayaki — 138	Onigiri — 24	
		Umeboshi rosa — 280
Fukagawa meshi — 42	Pollo karaage — 152	Uni-ikura don — 216
Goya champuru — 256	Ramen de Hakodate — 200	Yakiimo — 158
Gyoza — 28	Ramen de Sapporo — 196	Yakisoba — 172
		Yakitori — 170
Ikameshi — 212	Saikyo zuke — 128	Yubeshi — 134
Ishikari nabe — 224	Sake de jengibre — 280	Yuzu kosho — 186
	Sakura latte — 275	
Juuchii — 244	Salsa ponzu — 182	
	Sando de fruta — 180	
Kaisendon — 40	Shio ramen — 50	
Kaki no ha zushi — 126	Shoyu ramen — 54	
Karashi renkon — 160	Soba de Okinawa — 246	
Kimpira gobo — 162	Sopa de miso con tofu — 258	
Kushikatsu — 88		

Créditos de las imágenes

Todas las ilustraciones: ©Adrien Martin
Fotografías:
Jaquette, rabat (haut): ©Laurence Revol; (bas): ©Clémence Leleu
©Delphine Constantini: p. 27, 43, 51, 55, 69, 85, 89, 95, 97, 98, 105, 107, 129, 137, 139, 147, 149, 159, 161, 163, 173, 175, 183, 185, 201, 205, 215, 224, 226, 245, 249, 257, 259, 292, 293, 294, 296.

©Clémence Leleu: p. 13, 21, 23, 32, 34, 35, 37, 38-39, 47, 48-49, 61, 62, 63, 65, 78, 81 (bas), 83, 91, 101, 116, 118-119, 120-121, 132, 143, 154-155, 165, 166, 168-169, 176, 192, 194, 207, 209, 219, 220, 221-222, 236, 250, 252, 254-255, 263, 265, 269, 271, 278, 281, 282.

©Unsplash
p. 64: Rob Maxwell; p. 100: Gabe Reuter; p. 119: Roméo A.; p. 142: Charles Deluvio; p. 143: David Klein; p. 189: Jeff Siepman; p. 357: Julien Miclo; p. 281: Kris Sevinc; p. 289: Yuri Shirota

©iStock
p. 46: tupungato / p. 74: Skyimages / p. 75 (milieu): yajimannbo; (gauche): runin / p. 81 (haut): Nikola Stojadinovic / p. 102: bonchan / p. 130: Kenishirotie / p. 131: kuppa_rock / p. 144 (haut): Tomas Llamas Quintas; (milieu): kyonntra; (bas): deeepblue / p. 145 (haut): Yuuji; (bas): Binoe / p. 178: EnchantedFairy / p. 179: tdub303 / p. 232: Razvan / p. 233 (haut): 4nadia; (milieu): Promo_Link; (bas): supermimicry / p. 235: kuppa_rock / p.241: kyonntra / p. 242: Techa Tungateja / p. 243 (haut): mm; (bas, gauche): HiroshiMaeshiro; (bas, droite): GI15702993 / p. 253: kazoka30 / p. 279: ShaneQuentin / p. 285: Nirad / p. 291: 5PH

La edición original de esta obra ha sido publicada en Francia en 2023
por Big in Japan, sello editorial de Hachette Livre, con el título

Japan Cantina

Traducción del francés
Montserrat Asensio

Copyright © de la edición española, Cinco Tintas, S.L., 2024
Copyright © del texto, Clémence Leleu y Anna Shoji, 2023
Copyright © de la edición original, Hachette Livre (Hachette Pratique), 2023

Todos los derechos reservados. Bajo las sanciones establecidas por las leyes, queda rigurosamente prohibida, sin la autorización por escrito de los titulares del copyright, la reproducción total o parcial de esta obra, por cualquier medio o procedimiento mecánico o electrónico, actual o futuro, incluidas las fotocopias y la difusión a través de internet. Queda asimismo prohibido el desarrollo de obras derivadas por alteración, transformación y/o desarrollo de la presente obra.

Av. Diagonal, 402 – 08037 Barcelona
www.cincotintas.com
@editorial_cincotintas

Primera edición: septiembre de 2024

Impreso en China
Depósito legal: B 8311-2024
Código Thema: WBN
Cocina nacional y regional

ISBN 978-84-19043-49-8